동양books
Dongyang books

동양문고 일본어뱅크 중국어뱅크 홍익미디어+ 상상공방

출판그룹 동양books (瞳養BOOKS)는 분야에 따라 다섯 가지
브랜드로 독자 여러분에게 다가가고 있습니다.
동양문고(東洋文庫)는 독학용 어학서,
일본어뱅크와 중국어뱅크는 일본어 · 중국어 강의용 교재,
홍익미디어+는 영어 강의용 교재,
상상공방은 일반 단행본(실용서, 경제경영, 소설, 에세이,
만화)을 출간하고 있습니다.

동양북스의 '동양(瞳 눈동자 동 養 기를 양)'은 '안목을 기른다'는 뜻으로
'책을 읽고 세상을 보는 안목을 기른다'는 이념을 담고 있습니다.

동양문고 · 상상공방 www.dongyangbooks.com
일본어뱅크 · 중국어뱅크 www.nihongobank.co.kr
홍익미디어플러스 www.hongikmediaplus.co.kr
동양TV(동영상강좌) www.dongyangTV.com

동양books
www.dongyangbooks.com

일본어뱅크

스마트 일본어

LEVEL 3

문선희 · 나카야마 다츠나리 · 정희순 지음

일본어뱅크

일본어뱅크
스마트 일본어 LEVEL 3

초판 인쇄 | 2010년 8월 31일
초판 발행 | 2010년 9월 5일

저자 | 문선희, 나카야마 다츠나리, 정희순
발행인 | 김태웅
편집장 | 김연한
책임편집 | 권기은
디자인 | 안성민, 차경숙
일러스트 | 우나연
마케팅 | 권혁주, 나재승, 정상석, 서재욱, 장영임, 김귀찬, 이용재, 김지원
제작 | 현대순

발행처 | 일본어뱅크 · 중국어뱅크
등록 | 제 300-2006-109호
주소 | 서울시 마포구 서교동 463-16호 (121-841)
전화 | (02)325-1025
팩스 | (02)334-6624
웹사이트 | http://www.nihongobank.co.kr
http://www.dongyangbooks.com

ISBN 978-89-7665-334-5 04730
978-89-7665-330-7 04730(전4권)

▶ 일본어뱅크는 동양북스의 일본어 교재 전문 브랜드입니다.

머리말

이 책을 펴내면서 학생들 앞에서 수업에 임했던 제 모습과 사랑하는 가족, 그리고 제 강의의 열정과 에너지의 원천이 되어 주는 사랑하는 학생들 얼굴이 머릿속에 스쳐 갑니다.

일본어를 가르치면서 느끼는 것은 일본어는 정말 매력 있는 언어라는 사실입니다. 모국어가 아닌 다른 나라의 언어를 배운다는 것은 쉬운 일이 아닙니다. 이 책을 펴낸 저 역시 일본어는 평생 공부해야 하는 언어라고 생각합니다. 점점 배워 갈수록 어려워지기는 하지만 얼마나 흥미를 갖고 빠져드느냐에 따라 실력 향상과 목표 달성의 여부가 결정된다고 생각합니다.

이 교재는 실제 제가 일본어를 가르치는 현장에서 쌓은 경험을 바탕으로 학생들이 쉽게 이해하는 부분과 어려워하는 부분들을 자세히 분석하고 연구하였기 때문에 기존의 책들과는 다른 특징들을 갖고 있습니다.

첫째 [독해 · 작문] 파트 중 [읽어봅시다!] 부분은 원칙적으로 띄어쓰기 없는 일본어 문장을 보고 자연스럽게 읽고 해석할 수 있는 능력을 향상시킬 수 있도록 하였습니다. [작문] 부분에서는 수업 중 따라하고 읽기는 하지만 직접 쓰는 것까지 체크하기에는 시간이 부족했던 점을 고려하여 각 과의 포인트 문장을 쓰고 말할 수 있도록 구성하였습니다.

둘째 [한자 연습] 파트 중 [한자 즐기기] 부분에서는 학생들이 가장 어려워하는 한자를 재미있게 활용하여 한자에 대한 부담을 줄이고, 기본이 되는 한자에 다른 한자를 붙여 학생들의 한자 지식을 넓힐 수 있도록 하였습니다. 또, [써봅시다] 부분에는 직접 책에 한자를 써볼 수 있게 하였습니다.

셋째 [회화 플러스] 파트에서는 본문 이외의 회화 표현들을 중심으로 다뤘으며, 주요 회화 내용과 최신 어휘를 추가하여 일본어를 자연스럽게 받아들일 수 있도록 하였습니다.

아무쪼록 이 책을 학습하는 여러분에게 좋은 효과와 발전이 있기를 바라고 목표를 꼭 이루시기를 바랍니다. 그리고 교재를 위해 많은 도움을 주신 여러분들께 감사 드리고, 이제까지 일본어를 통해 만나 열정을 갖게 해 준 우리 학생들에게 감사의 마음으로 이 교재를 바치고 싶습니다.

저자 일동

차례

CONTENTS

이 책의 학습법

01
今何を して いますか。
지금 무엇을 하고 있습니까?
이번 과의 포인트
□ 今何を して いますか。
지금 무엇을 하고 있습니까?

이번 과의 포인트

각 과의 주제와 관련된 내용을 회화 형식으로 표현했습니다. 학습에 들어가기 전에 각 과에서 다루게 될 주요 내용과 포인트 문법을 미리 익히도록 합시다.

Track 1
DIALOGUE
キムさん、ここで 何を して いますか。
日本語の 宿題を して います。
キムさんは 日本語を 習って いるんですか。
来年の 4月に 日本へ 行く予定です。
留学ですか。
はい、そうです。
毎日 MP3 を 聞きながら 本を 読んで いますが、
日本語は やっぱり 漢字が 一番 難しいですね。
難しい 漢字は 私に 聞いて ください。

기본 회화

실생활에서 유용하게 쓰이는 문법과 주요 표현들을 단어 설명과 함께 실었습니다. 내용을 듣고 억양과 발음에 주의해서 반복 학습하면 좋은 효과를 얻을 수 있습니다.

문법 포인트

01 동사의 て형 I

1그룹 동사 (5단동사)	う・つ・る → って ぬ・む・ぶ → んで く → いて ぐ → いで す → して ★ 帰る → 帰って (예외) ★ 行く → 行って	会う → 会って 飲む → 飲んで 書く → 書いて 泳ぐ → 泳いで 話す → 話して ★ 帰る → 帰って ★ 行く → 行って
2그룹 동사 (상1단동사 하1단동사)	る + て	見る →

문법 포인트

각 과에서 다루는 포인트 문법으로 문법에 관한 예문들을 다양하게 실었습니다. 우리말 해설이 없으므로 아래의 [낱말과 표현]을 참고하면서 공부하세요.

턴 연습
1 보기 メールを 書く A：今 何を して いますか。 B：メールを 書いて います。
1 日本語を 教える A：今 何を して いますか。 B：
2 パンを 作る A：今 何を して いますか。 B：
3 勉強を する A：今 何を して いますか。 B：
犬と 遊ぶ A：今 何を して

패턴 연습

포인트 문법에서 다룬 내용을 응용해보는 페이지입니다. 다양한 단어와 화제를 바탕으로 문형을 연습하도록 합시다.

독해 · 작문

원래 일본어는 띄어쓰기가 없습니다. 다른 페이지는 학습편의상 띄어쓰기가 되어있지만, [읽어봅시다] 에서는 띄어쓰기 없는 문장을 연습하여 실력을 높일 수 있도록 하였습니다. 작문은 각 과를 배우고 난 후 주요 문법을 최종적으로 점검하는 페이지입니다. 우리말을 보고 일본어 문장으로 바꿔보세요.

한자 연습

한자를 단어 그대로 외우기보다는 한자 하나를 가지고 몇 개의 단어를 만들 수 있다는 것을 보여주어 응용력을 높여줍니다. 또, 중요 한자를 직접 써볼 수 있게 하였습니다.

듣기 연습

너무 복잡하지 않으면서, 본문과 문법 포인트에서 다루는 너용을 중심으로 구성된 듣기 연습 문제입니다.

회화 플러스

본문의 회화를 보충하는 응용회화로 기초 단계에서 회화의 자신감을 키워줍니다.

01

今 何を して いますか。

지금 무엇을 하고 있습니까?

이번 과의 포인트

□ 今(いま) 何(なに)を して いますか。

지금 무엇을 하고 있습니까?

→ 手紙(てがみ)を 書(か)いて います。

편지를 쓰고 있습니다.

□ 木村(きむら)さんは 何を して いますか。

기무라 씨는 무엇을 하고 있습니까?

→ テレビを 見(み)て います。

텔레비전을 보고 있습니다.

기본 회화

Track 1

DIALOGUE

田中　キムさん、ここで 何(なに)を して いますか。

キム　日本語(にほんご)の 宿題(しゅくだい)を して います。

田中　キムさんは 日本語を 習(なら)って いるんですか。

キム　来年(らいねん)の 4月(しがつ)に 日本(にほん)へ 行(い)く 予定(よてい)です。

田中　留学(りゅうがく)ですか。

キム　はい、そうです。
毎日(まいにち) MP3 を 聞(き)きながら 本(ほん)を 読(よ)んで いますが、
日本語は やっぱり 漢字(かんじ)が 一番(いちばん) 難(むずか)しいですね。

田中　難しい 漢字は 私(わたし)に 聞(き)いて ください。

낱말과 표현

宿題(しゅくだい) 숙제　習(なら)う 배우다　来年(らいねん) 내년, 다음 해　予定(よてい) 예정
留学(りゅうがく) 유학　毎日(まいにち) 매일　MP3 を 聞(き)く MP3를 듣다
本(ほん)を 読(よ)む 책을 읽다　やっぱり 역시　漢字(かんじ) 한자　～に ～에게　聞(き)く 듣다, 묻다

문법 포인트

GRAMMAR

01 동사의 て형 I

		예
1그룹 동사 (5단동사)	う・つ・る → って ぬ・む・ぶ → んで く → いて ぐ → いで す → して ★ 帰る → 帰って (예외) ★ 行く → 行って	会(あ)う → 会って 飲(の)む → 飲んで 書(か)く → 書いて 泳(およ)ぐ → 泳いで 話(はな)す → 話して ★ 帰(かえ)る → 帰って ★ 行(い)く → 行って
2그룹 동사 (상1단동사 하1단동사)	~~る~~ + て	見(み)る → 見て 起(お)きる → 起きて 食(た)べる → 食べて 寝(ね)る → 寝て
3그룹 동사 (カ행변격동사 サ행변격동사)	来(く)る → 来(き)て する → して	来(く)る → 来(き)て 勉強(べんきょう)する → 勉強して

참고

~ています	~하고 있습니다	예 見(み)て います
~てください	~해 주세요	예 見(み)て ください
~てから	~하고 나서	예 見(み)てから

※ て형 활용 연습(해답 14쪽)

의미	동사	て형	의미	동사	て형
사다	買(か)う		기다리다	待(ま)つ	
쓰다	書(か)く		이야기하다	話(はな)す	
읽다	読(よ)む		나가다	出(で)る	
보다	見(み)る		하다	する	
놀다	遊(あそ)ぶ		되다	なる	
걷다	歩(ある)く		죽다	死(し)ぬ	
쉬다	休(やす)む		찍다	撮(と)る	
먹다	食(た)べる		가르치다	教(おし)える	
헤엄치다	泳(およ)ぐ		오다	来(く)る	
가다	行(い)く		부르다	呼(よ)ぶ	
일하다	働(はたら)く		마시다	飲(の)む	
자다	寝(ね)る		듣다	聞(き)く	
일어나다	起(お)きる		만들다	作(つく)る	
만나다	会(あ)う		돌아오다(가다)	帰(かえ)る	
타다	乗(の)る		걸다	かける	
피우다, 빨다	吸(す)う		씻다	洗(あら)う	

02 명사・형용사의 て형

① 명사의 て형

→ 명사+で : 会社員(かいしゃいん) → 会社員で

예 私(わたし)は 会社員で、木村(きむら)さんは 医者(いしゃ)です。

② い형용사의 て형

→ ~~い~~+くて : おいしい → おいしくて

예 この 店(みせ)は おいしくて 安(やす)いです。(나열・열거)

暑(あつ)くて ドアを 開(あ)けました。(이유・원인)

③ な형용사의 て형

→ ~~だ~~+で : 便利(べんり)だ → 便利で

예 山田(やまだ)さんは まじめで 親切(しんせつ)です。(나열・열거)

ここの 交通(こうつう)は 便利で いいですね。(이유・원인)

명사	先生(せんせい) → 先生で	学生(がくせい) → 学生で
い형용사	おもしろい → おもしろくて	難(むずか)しい → 難しくて
な형용사	にぎやかだ → にぎやかで	静(しず)かだ → 静かで

03 ～て います ~하고 있습니다

예 学校(がっこう)の 前(まえ)で 友達(ともだち)を 待(ま)って います。

映画館(えいがかん)で 映画を 見(み)て います。

図書館(としょかん)で 勉強(べんきょう)して います。

04 ～て ください ~해 주세요

예 電話番号(でんわばんごう)を 教(おし)えて ください。

明日(あした)は 早(はや)く 来(き)て ください。

写真(しゃしん)を 撮(と)って ください。

電気(でんき)を つけて ください。

05 ます형 ＋ながら ~하면서

예 音楽(おんがく)を 聞(き)きながら 歩(ある)きます。

テレビを 見(み)ながら パンを 食(た)べます。

ギターを 弾(ひ)きながら 歌(うた)を 歌(うた)います。

✚ 낱말과 표현

店(みせ) 가게　ドア 문　開(あ)ける 열다　まじめだ 성실하다　親切(しんせつ)だ 친절하다
映画館(えいがかん) 영화관　図書館(としょかん) 도서관　電話番号(でんわばんごう) 전화번호
早(はや)く 일찍　電気(でんき)を つける 불을 켜다　音楽(おんがく) 음악　歩(ある)く 걷다
パン 빵　ギターを 弾(ひ)く 기타를 치다　歌(うた)を 歌(うた)う 노래를 부르다

※ て형 활용 연습 해답

의미	동사	て형	의미	동사	て형
사다	買(か)う	買って	기다리다	待(ま)つ	待って
쓰다	書(か)く	書いて	이야기하다	話(はな)す	話して
읽다	読(よ)む	読んで	나가다	出(で)る	出て
보다	見(み)る	見て	하다	する	して
놀다	遊(あそ)ぶ	遊んで	되다	なる	なって
걷다	歩(ある)く	歩いて	죽다	死(し)ぬ	死んで
쉬다	休(やす)む	休んで	찍다	撮(と)る	撮って
먹다	食(た)べる	食べて	가르치다	教(おし)える	教えて
헤엄치다	泳(およ)ぐ	泳いで	오다	来(く)る	来(き)て
가다	行(い)く	行って	부르다	呼(よ)ぶ	呼んで
일하다	働(はたら)く	働いて	마시다	飲(の)む	飲んで
자다	寝(ね)る	寝て	듣다	聞(き)く	聞いて
일어나다	起(お)きる	起きて	만들다	作(つく)る	作って
만나다	会(あ)う	会って	돌아오다	帰(かえ)る	帰って
타다	乗(の)る	乗って	걸다	かける	かけて
피우다, 빨다	吸(す)う	吸って	씻다	洗(あら)う	洗って

패턴 연습

PATTERN

1

보기

メールを 書(か)く

A：今 何を して いますか。

B：メールを 書(か)いて います。

❶ 

日本語(にほんご)を 教(おし)える

A：今 何を して いますか。

B：＿＿＿＿＿＿＿＿＿＿。

❷ 

パンを 作(つく)る

A：今 何を して いますか。

B：＿＿＿＿＿＿＿＿＿＿。

❸ 

勉強(べんきょう)を する

A：今 何を して いますか。

B：＿＿＿＿＿＿＿＿＿＿。

❹ 

犬(いぬ)と 遊(あそ)ぶ

A：今 何を して いますか。

B：＿＿＿＿＿＿＿＿＿＿。

❺ 

お茶(ちゃ)を 飲(の)む

A：今 何を して いますか。

B：＿＿＿＿＿＿＿＿＿＿。

❻ 

プールで 泳(およ)ぐ

A：今 何を して いますか。

B：＿＿＿＿＿＿＿＿＿＿。

✚ 낱말과 표현

メール 메일　教(おし)える 가르치다　作(つく)る 만들다　犬(いぬ) 개　お茶(ちゃ) 차(흔히 '녹차'를 뜻함)
プール 풀장　泳(およ)ぐ 수영하다, 헤엄치다

2 보기

デパートへ 行(い)く・かばんを 買(か)う・映画(えいが)を 見(み)る

→ デパートへ 行(い)って かばんを 買(か)って 映画(えいが)を 見(み)ました。

1

図書館(としょかん)へ 行(い)く・本(ほん)を 読(よ)む・宿題(しゅくだい)を する

→ ______________________________。

2

友達(ともだち)に 会(あ)う・コーヒーを 飲(の)む・話(はな)す

→ ______________________________。

3

カラオケへ 行(い)く・歌(うた)を 歌(うた)う・踊(おど)る

→ ______________________________。

4

家(うち)へ 帰(かえ)る・夕(ゆう)ごはんを 食(た)べる・テレビを 見(み)る

→ ______________________________。

✚ 낱말과 표현

図書館(としょかん) 도서관　宿題(しゅくだい) 숙제　友達(ともだち)に 会(あ)う 친구를 만나다
コーヒー 커피　カラオケ 노래방　歌(うた)を 歌(うた)う 노래를 부르다　踊(おど)る 춤추다
夕(ゆう)ごはん 저녁밥　テレビ 텔레비전

독해 · 작문

Track 2

READING & WRITING

읽어봅시다!

9月(くがつ)20日(はつか)　木曜日(もくようび)　晴(は)れ

今日(きょう)は朝早(あさはや)く起(お)きて顔(かお)を洗(あら)ってから公園(こうえん)へ運動(うんどう)しに行(い)きました。
運動してから家族(かぞく)と一緒(いっしょ)に朝(あさ)ごはんを食(た)べました。
それから、1時間(いちじかん)ぐらいバスに乗(の)って会社(かいしゃ)へ行(い)きました。
仕事(しごと)が終(お)わってから、7時(しちじ)に友達(ともだち)に会(あ)って一緒(いっしょ)に演劇(えんげき)を見(み)ました。
とてもおもしろかったです。10時(じゅうじ)ごろ家(うち)へ帰(かえ)ってテレビを見(み)ました。
その後(あと)、とてもつかれてすぐ寝(ね)てしまいました。

✚ 낱말과 표현

晴(は)れ 맑음　朝(あさ) 早(はや)く 아침 일찍　起(お)きる(→おきて) 일어나다　顔(かお)を洗(あら)う(→あらって) 세수를 하다　それから 그러고 나서　~ぐらい ~정도　仕事(しごと)が 終(お)わる 일이 끝나다　~に 会(あ)う ~를 만나다　演劇(えんげき) 연극　~ごろ ~쯤　その後(あと) 그 후　つかれる 피곤하다　すぐ 곧, 금방　寝(ね)る 자다　~てしまう ~해버리다

일본어로 써봅시다!

1. 지금 무엇을 하고 있습니까?

2. 친구를 만나서 영화를 보고 커피를 마셨습니다.

3. 아침 일찍 일어나서 신문을 읽고 있습니다.

정답
1. 今(いま) 何(なに)を して いますか。
2. 友達(ともだち)に 会(あ)って 映画(えいが)を 見(み)て コーヒーを 飲(の)みました。
3. 朝(あさ) 早(はや)く 起(お)きて 新聞(しんぶん)を 読(よ)んで います。

한자 즐기기

いち 一 일

ばん 番 번

ごう 号 호

じゅん 順 순

くみ 組 조

いちばん 一番 일번

ばんごう 番号 번호

じゅんばん 順番 순번

ばんぐみ 番組 TV 프로그램

써봅시다!

てがみ 手紙 편지	手紙			
まど 窓 창문	窓			
しゅくだい 宿題 숙제	宿題			
うんどう 運動 운동	運動			
おちゃ お茶 차	お茶			
でんき 電気 전기	電気			

듣기 연습

Track 3~4

LISTENING

A. 내용을 듣고 순서대로 올바르게 나열한 것을 고르세요.

㉮

㉯

㉰

㉱

❶ 가－라－나－다

❷ 다－나－가－라

❸ 다－라－가－나

❹ 가－다－나－라

B. 내용을 듣고 그림과 일치하면 ○, 일치하지 않으면 ×를 넣으세요.

❶ (　　　　　　)

❷ (　　　　　　)

❸ (　　　　　　)

❹ (　　　　　　)

02

どこに 住んで いますか。

어디에 살고 있습니까?

이번 과의 포인트

- □ どこに 住(す)んで いますか。
  어디에 살고 있습니까?
  → 仁川(インチョン)に 住んで います。
  인천에 살고 있습니다.
- □ 結婚(けっこん)して いますか。
  결혼했습니까?
  → はい、結婚して います。
  네, 결혼했습니다.

기본 회화

Track 5

DIALOGUE

青木　雨が たくさん 降って いますね。

　　　里美さんは 傘を 持って いますか。

里美　いいえ、私は 持って いません。

青木　里美さんは どこに 住んで いますか。

里美　この 近くに 住んで います。

青木　じゃ、私の 傘で 一緒に 行きましょう。

里美　ありがとうございます。

〈歩きながら〉

青木　里美さんは 独り暮らしですか。

里美　いいえ、夫と 一緒に 住んで います。

青木　え！ 結婚して いるんですか。

낱말과 표현

雨(あめ)が 降(ふ)る 비가 내리다　たくさん 많이　傘(かさ) 우산　持(も)つ 갖다, 들다
～に 住(す)む ～에 살다　近(ちか)く 근처　独(ひと)り暮(ぐ)らし 혼자 삶, 독신 생활　夫(おっと) 남편
結婚(けっこん) 결혼　～んです ～입니다, ～인 것입니다, ～인데요

문법 포인트

GRAMMAR

01 ~て いる 용법

① 현재 진행

예 音楽(おんがく)を 聞(き)いて います。 음악을 듣고 있습니다.

映画(えいが)を 見(み)て います。 영화를 보고 있습니다.

② 자연현상

예 雨(あめ)が 降(ふ)って います。 비가 내리고 있습니다.

風(かぜ)が 吹(ふ)いて います。 바람이 불고 있습니다.

③ 상태

예 田中(たなか)さんを 知(し)って いますか。 다나카 씨를 알고 있습니까?

どこに 住(す)んで いますか。 어디에 살고 있습니까?

結婚(けっこん)して いますか。 결혼했습니까?

車(くるま)を 持(も)って います。 차를 갖고 있습니다.

Q：朝(あさ)ご飯(はん)を 食(た)べましたか。 아침밥을 먹었습니까?

A1：はい、食べました。 네, 먹었습니다.

A2：いいえ、まだ 食べて いません。(○) 아니요. 아직 안 먹었습니다.

いいえ、まだ 食べませんでした。(×)

✚ 낱말과 표현

雨(あめ)が 降(ふ)る 비가 내리다　風(かぜ)が 吹(ふ)く 바람이 불다　結婚(けっこん) 결혼　車(くるま) 차
朝(あさ)ご飯(はん) 아침밥　帽子(ぼうし)を かぶる 모자를 쓰다　眼鏡(めがね)を かける 안경을 쓰다
ネクタイを しめる 넥타이를 매다　スーツを 着(き)る 양복을 입다　靴(くつ)を 履(は)く 구두를 신다
ブラウスを 着(き)る 블라우스를 입다　ベルトを しめる 벨트를 매다　ズボンを はく 바지를 입다
ピアスを する 귀고리를 하다　妹(いもうと) 여동생　東京(とうきょう) 도쿄　今晩(こんばん) 오늘밤
食事(しょくじ)に 行(い)く 식사하러 가다　待(ま)ち合(あ)わせる 만나기로 하다

④ 착용

예 帽子(ぼうし)を かぶって います。
모자를 쓰고 있습니다.

眼鏡(めがね)を かけて います。
안경을 쓰고 있습니다.

ネクタイを しめて います。
넥타이를 매고 있습니다.

スーツを 着て います。
양복을 입고 있습니다.

靴(くつ)を はいて います。
구두를 신고 있습니다.

ブラウスを 着(き)て います。
블라우스를 입고 있습니다.

ズボンを はいて います。
바지를 입고 있습니다.

ピアスを して います。
귀고리를 하고 있습니다.

02 ～に 住む ～에 살다

예 A：妹(いもうと)さんは どこに 住(す)んで いますか。

B：東京(とうきょう)に 住んで います。

03 ～ましょう ～합시다

예 今晩(こんばん) 食事(しょくじ)に 行(い)きましょう。

一緒(いっしょ)に 映画(えいが)でも 見(み)ましょう。

駅(えき)の前(まえ)で 待(ま)ち合(あ)わせましょう。

패턴 연습

PATTERN

1 보기

この 映画(えいが)を 見(み)ましたか。

→ はい、見ました。 / いいえ、まだ 見て いません。

1 朝(あさ)ごはんを 食(た)べましたか。

→ ____________________。 / ____________________。

2 ホテルの 予約(よやく)を しましたか。

→ ____________________。 / ____________________。

3 この 小説(しょうせつ)を 読(よ)みましたか。

→ ____________________。 / ____________________。

2 보기

キムさんは どこで 住(す)んで いますか。

(①は ②どこで ③住んで ④いますか)

→ ② どこで → どこに

1 キムさんは まだ 結婚(けっこん)して いません。

(①まだ ②しって ③いません)

→ ____________________

2 その 映画(えいが)は 見て ありません。

(①その ②見て ③ありません)

→ ____________________

3 イさんは スカートを 着(き)て います。

(①スカート ②着て ③います)

→ ____________________

3 보기

青木(あおき)さんは どんな かっこうを して いますか。

帽子(ぼうし)を かぶって います。

スーツを 着(き)て います。

ネクタイを しめて います。

靴(くつ)を 履(は)いて います。

1

里美(さとみ)さんは どんな かっこうを して いますか。

ワンピースを ________________。

赤(あか)い 靴(くつ)を ________________。

かばんを ________________。

2

佐藤(さとう)さんは どんな かっこうを して いますか。

セーターを ________________。

ベルトを ________________。

ズボンを ________________。

運動靴(うんどうぐつ)を ________________。

+ 낱말과 표현

ホテル 호텔　予約(よやく) 예약　小説(しょうせつ) 소설　スカート 스커트　かっこう 옷차림, 모습
帽子(ぼうし)を かぶる 모자를 쓰다　スーツを 着(き)る 양복을 입다　ネクタイ 넥타이
靴(くつ)を 履(は)く 구두를 신다　ワンピース 원피스　赤(あか)い 빨갛다　セーター 스웨터
ベルト 벨트　ズボン 바지　運動靴(うんどうぐつ) 운동화

독해 · 작문

Track 6

READING & WRITING

읽어봅시다!

私(わたし)は去年(きょねん)まで一人(ひとり)で住(す)んでいましたが、今年(ことし)の2月(にがつ)に結婚(けっこん)して妻(つま)と一緒(いっしょ)に仁川(インチョン)に住んでいます。妻は空港(くうこう)で働(はたら)いていて、私の会社(かいしゃ)もその近(ちか)くですから、仁川に住むことにしました。妻と私は2年前(にねんまえ)に友達(ともだち)の紹介(しょうかい)で出会(であ)いました。紹介の日(ひ)に妻はかわいい帽子(ぼうし)をかぶって、青(あお)いブラウスを着(き)て、スカートをはいて来ました。とてもきれいでした。

✚ 낱말과 표현

去年(きょねん) 작년　一人(ひとり)で 혼자서　妻(つま) 처, 아내　～に 住(す)む ～에 살다
空港(くうこう) 공항　働(はたら)く 일하다　近(ちか)く 근처　～ことに する ～하기로 하다
紹介(しょうかい) 소개　出会(であ)う 만나다　帽子(ぼうし)をかぶる 모자를 쓰다　青(あお)い 파랗다
ブラウス 블라우스

일본어로 써봅시다!

1. 실례지만 결혼했습니까?

2. 어디에 살고 있습니까? 도쿄에 살고 있습니다.

3. 비가 많이 오네요. 우산을 갖고 있습니까?

정답
1. 失礼(しつれい)ですが、結婚(けっこん)していますか。
2. どこに住(す)んでいますか。東京(とうきょう)に住んでいます。
3. 雨(あめ)がたくさん降(ふ)っていますね。傘(かさ)を持(も)っていますか。

한자 즐기기

自(じ) 자

- 自分(じぶん) 자신 → 分(ぶん) 분
- 自慢(じまん) 자랑 → 慢(まん) 만
- 自己(じこ) 자기 → 己(こ) 기
- 自営(業)(じえい(ぎょう)) 자영(업) → 営(えい) 영

써봅시다!

結婚(けっこん) 결혼	結婚			
眼鏡(めがね) 안경	眼鏡			
食事(しょくじ) 식사	食事			
今晩(こんばん) 오늘밤	今晩			
紹介(しょうかい) 소개	紹介			
雨(あめ) 비	雨			

듣기 연습

Track 7~8

LISTENING

A. 내용을 듣고 스즈키 씨의 여동생은 누구인지 맞혀보세요.

1 

2 

3 

4 

정답 (   )

B. 다나카 씨에 대한 설명을 듣고 맞으면 ○, 틀리면 ×를 넣으세요.

	田中(たなか)
住所(じゅうしょ)	東京都(とうきょうと) 新宿区(しんじゅくく) 四(よ)ツ谷(や) 2ー10(にのじゅう)
結婚(けっこん)	している(○)　　していない(　)
車(くるま)	持(も)っている(○)　持っていない(　)
趣味(しゅみ)	水泳(すいえい)

1 (   )

2 (   )

3 (   )

4 (   )

회화 플러스

Track 9

OMAKE

01 結婚(けっこん)して いますか。결혼했습니까?

예 A : 山田(やまだ)さんは 結婚して いますか。야마다 씨는 결혼했습니까?

B : はい、結婚して います。 네, 결혼했습니다.

いいえ、結婚して いません。 아니요, 결혼 안 했습니다.

02 どこに 住(す)んで いますか。 어디에 살고 있습니까?

예 A : どこに 住んで いますか。어디에 살고 있습니까?

B : 仁川(インチョン)に 住んで います。인천에 살고 있습니다.

03

妹もつれて行ってもいいですか。

여동생도 데리고 가도 됩니까?

이번 과의 포인트

- □ ここで 写真(しゃしん)を 撮(と)っても いいですか。
  여기에서 사진을 찍어도 됩니까?

  → はい、撮っても いいです。
  네, 찍어도 됩니다.

- □ ここで たばこを 吸(す)っても いいですか。
  여기에서 담배를 피워도 됩니까?

  → いいえ、吸っては いけません。
  아니요, 피우면 안 됩니다.

기본 회화

Track 10

DIALOGUE

キム　最近 5キロも 太って しまって、運動したいんですが、
　　　時間が あまり ありません。
　　　妹も したがって いますが、なかなか できません。

木村　キムさん、あそこで 本を 読んで いる 人 見えますか。

キム　あの 人は 里美さんでしょう。

木村　はい、里美さんは 運動して 10キロも やせましたよ。

キム　え〜。うらやましいですね。

木村　私も 来週から スポーツクラブに 通う つもりですが、
　　　一緒に 行きませんか。

キム　それは いいですね。妹も つれて 行っても いいですか。

木村　もちろん!! 一緒に 頑張りましょう。

낱말과 표현

〜んです ~인데요, ~인 것입니다　時間(じかん) 시간　〜たがる ~하고 싶어하다
なかなか 좀처럼　できません 못 합니다, 할 수 없습니다　見(み)える 보이다　〜でしょう ~이죠
やせる 살 빠지다, 야위다　うらやましい 부럽다　スポーツクラブ 스포츠 클럽
〜に 通(かよ)う ~에 다니다　〜つもり ~할 예정(작정)　〜ませんか ~하지 않겠습니까?
つれる 동반하다, 데리고 가다　もちろん 물론　頑張(がんば)る 노력하다, 열심히 하다

문법 포인트

GRAMMAR

01 て형 활용Ⅱ

～て みる	～해 보다	예 食(た)べて みる
～て おく	～해 놓다(두다)	예 食べて おく
～て いる＋명사	～하고 있는＋명사	예 食べて いる 人
～て しまう	～해 버리다	예 食べて しまう
～ても いいです	～해도 됩니다	예 食べても いいです
～ては いけません	～해서는 안 됩니다	예 食べては いけません
～てばかり いる	～하고만 있다	예 一日中(いちにちじゅう) 食べてばかり いる

02 ～て しまう ～해 버리다

예 妹(いもうと)が 私(わたし)の パンを 食(た)べて しまいました。(완료)

家(いえ)に ある ビールを 全部(ぜんぶ) 飲(の)んで しまいました。(완료)

忙(いそが)しくて 宿題(しゅくだい)を 忘(わす)れて しまいました。(유감 · 후회)

03 ～たい ～하고 싶다 / ～たがる ～하고 싶어하다

1인칭 · 2인칭	3인칭
行(い)きたい	行きたがる
会(あ)いたい	会いたがる
勉強(べんきょう)したい	勉強したがる

예 ① 私(わたし)は 日本(にほん)へ 行(い)きたいです。

キムさんは 日本へ 行きたがって います。

② 私は 英語(えいご)が 勉強(べんきょう)したいです。

弟(おとうと)は 英語を 勉強したがって います。

[참고]

ほしい 갖고 싶다, 원하다 / ほしがる 갖고 싶어하다

예 私は デジカメが ほしいです。

キムさんは デジカメを ほしがって います。

※ ～がる ～해하다

1인칭 · 2인칭	3인칭
ほしい	ほしがる
こわい	こわがる
難(むずか)しい	難しがる

✚ 낱말과 표현

一日中(いちにちじゅう) 하루 종일　パン 빵　ビール 맥주　全部(ぜんぶ) 전부
忙(いそが)しい 바쁘다　宿題(しゅくだい) 숙제　忘(わす)れる 잊다　英語(えいご) 영어
こわい 무섭다　デジカメ 디지털 카메라, 디카

04 ～て いる＋명사 ～하고 있는(～한)＋명사

예 あそこで タバコを 吸って いる 人は 誰ですか。

青い セーターを 着て いる 人は 木村さんでしょう。

椅子に 座って いる 学生は キムさんです。

05 ～ても いいです ～해도 됩니다
～ては いけません ～해서는 안 됩니다

예 ひらがなで 書いても いいですか。

日本語で 話しても いいですか。

ここで 写真を 撮っては いけません。

中学生は お酒を 飲んでは いけません。

＋ 낱말과 표현

タバコ 담배　吸(す)う 피우다　人(ひと) 사람　誰(だれ) 누구　青(あお)い 파랗다　セーター 스웨터
着(き)る 입다　椅子(いす) 의자　～に 座(すわ)る ～에 앉다　ひらがなで 히라가나로
書(か)く 쓰다　話(はな)す 이야기하다　写真(しゃしん) 사진　撮(と)る 찍다
中学生(ちゅうがくせい) 중학생　お酒(さけ)を 飲(の)む 술을 마시다

※ 활용

食(た)べる 먹다	買(か)う 사다	書(か)く 쓰다	飲(の)む 마시다
食べて みる 먹어 보다	買って みる	書いて みる	飲んで みる
食べて おく 먹어 두다	買って おく	書いて おく	飲んで おく
食べて いる 人 먹고 있는 사람	買って いる 人	書いて いる 人	飲んで いる 人
食べて しまう 먹어 버리다	買って しまう	書いて しまう	飲んで しまう
食べても いいです 먹어도 됩니다	買っても いいです	書いても いいです	飲んでも いいです
食べては いけません 먹으면 안 됩니다	買っては いけません	書いては いけません	飲んでは いけません
食べてばかり いる 먹고만 있다	買ってばかり いる	書いてばかり いる	飲んでばかり いる

패턴 연습

PATTERN

1 보기

開(あ)けても いいですか。

→ はい、開けても いいです。

いいえ、開けては いけません。

1

ここに 座(すわ)っても いいですか。

→ ＿＿＿＿＿＿＿＿＿＿＿＿＿＿＿。

＿＿＿＿＿＿＿＿＿＿＿＿＿＿＿。

2

ここに 車(くるま)を 止(と)めても いいですか。

→ ＿＿＿＿＿＿＿＿＿＿＿＿＿＿＿。

＿＿＿＿＿＿＿＿＿＿＿＿＿＿＿。

3

田中(たなか)さんと 結婚(けっこん)しても いいですか。

→ ＿＿＿＿＿＿＿＿＿＿＿＿＿＿＿。

＿＿＿＿＿＿＿＿＿＿＿＿＿＿＿。

4

お風呂(ふろ)に 入(はい)っても いいですか。

→ ＿＿＿＿＿＿＿＿＿＿＿＿＿＿＿。

＿＿＿＿＿＿＿＿＿＿＿＿＿＿＿。

✚ 낱말과 표현

開(あ)ける 열다　座(すわ)る 앉다　車(くるま) 차　止(と)める 세우다　結婚(けっこん) 결혼
お風呂(ふろ)に 入(はい)る 목욕하다

2 보기

寝(ね)る → 一日中(いちにちじゅう) 寝(ね)てばかり います。

1

働(はたら)く → ____________________。

2

勉強(べんきょう)する → ____________________。

3

食(た)べる → ____________________。

4

遊(あそ)ぶ → ____________________。

3 보기

本(ほん)を 読(よ)む → 本を 読んで しまいました。

1. 犬(いぬ)が 死(し)ぬ → ____________________。
2. 食(た)べる → ____________________。
3. 買(か)う → ____________________。
4. 子供(こども)が 泣(な)く → ____________________。

✚ 낱말과 표현

一日中(いちにちじゅう) 하루 종일　働(はたら)く 일하다　勉強(べんきょう) 공부　遊(あそ)ぶ 놀다
犬(いぬ) 개　死(し)ぬ 죽다　買(か)う 사다　子供(こども) 아이　泣(な)く 울다

독해 · 작문

Track 11

READING & WRITING

읽어봅시다!

今日、私はアパートを探しに不動産屋へ行ってきました。

三時間ぐらい歩きながら何軒か回ってみました。

安いアパートは駅から歩いて20分ぐらいのものが多かったです。

でも、私はすこし高くても駅から近い所がいいと思います。

一番気に入った所は駅から歩いて5分ぐらいのところで、家賃は6万5千円でした。

今日は一日中歩いてばかりで、足がとても痛かったです。

낱말과 표현

探(さが)す 찾다　不動産屋(ふどうさんや) 부동산　何軒(なんげん) 몇 채　回(まわ)る 돌아다니다, 돌다　~てみる ~해 보다　~と 思(おも)います ~라고 생각합니다　気(き)に 入(い)る 마음에 들다 (과거형 : 気(き)に 入(い)った)　所(ところ) 곳　家賃(やちん) 집세　一日中(いちにちじゅう) 하루 종일

일본어로 써봅시다!

1. 하루 종일 텔레비전을 보고만 있습니다.

2. 술을 마시고 운전해서는 안 됩니다.

3. 여기에서 사진을 찍어도 됩니까?

4. 맥주를 10 병(十本)이나 마셔 버렸습니다.

정답
1. 一日中(いちにちじゅう)テレビを見(み)てばかりいます。
2. お酒(さけ)を飲(の)んで運転(うんてん)してはいけません。
3. ここで写真(しゃしん)を撮(と)ってもいいですか。
4. ビールを十本(じゅっぽん)も飲(の)んでしまいました。

한자 즐기기

以 (い) 이		
→	以上 (いじょう) 이상	上 (じょう) 상
→	以下 (いか) 이하	下 (か) 하
→	以外 (いがい) 이외	外 (がい) 외
→	以内 (いない) 이내	内 (ない) 내

써봅시다!

家賃 (やちん) 집세	家賃			
所 (ところ) 곳, 장소	所			
時間 (じかん) 시간	時間			
子供 (こども) 아이	子供			
英語 (えいご) 영어	英語			
一日中 (いちにちじゅう) 하루종일	一日中			

듣기 연습

Track 12~13

LISTENING

A. 내용을 듣고 다음 그림 중에서 의사가 기무라 씨에게 금지한 사항을 하나만 고르세요.

정답 (   )

B. 내용을 듣고 다음 그림 중에서 금지한 사항을 하나만 고르세요.

정답 (   )

GRAMMAR POINT

1과 ~ 3과
문법 정리 포인트

01 て형 활용 문법 총정리

	食(た)べる 먹다	買(か)う 사다	飲(の)む 마시다
~て ください ~해 주세요	食べて ください	買って ください	飲んで ください
~て います ~하고 있습니다	食べて います	買って います	飲んで います
~てから ~하고 나서	食べてから	買ってから	飲んでから
~て みる ~해 보다	食べて みる	買って みる	飲んで みる
~て おく ~해 놓다, ~해 두다	食べて おく	買って おく	飲んで おく
~て いる+명사 ~하고 있는+명사	食べて いる人(ひと)	買って いる人	飲んで いる人
~て しまう ~해 버리다	食べて しまう	買って しまう	飲んで しまう
~ても いいです ~해도 됩니다	食べても いいです	買っても いいです	飲んでも いいです
~ては いけません ~해서는 안 됩니다	食べては いけません	買っては いけません	飲んでは いけません
~てばかり いる ~하고만 있다	食べてばかり いる	買ってばかり いる	飲んでばかり いる

GRAMMAR POINT

1과 ~ 3과
문법 정리 포인트

02 て형 활용

만나다	会(あ)う → 会って	피우다, 빨다	吸(す)う → 吸って
기다리다	待(ま)つ → 待って	찍다	撮(と)る → 撮って
타다	乗(の)る → 乗って	만들다	作(つく)る → 作って
돌아가다(오다)	帰(かえ)る → 帰って	죽다	死(し)ぬ → 死んで
쉬다	休(やす)む → 休んで	마시다	飲(の)む → 飲んで
읽다	読(よ)む → 読んで	놀다	遊(あそ)ぶ → 遊んで
헤엄치다	泳(およ)ぐ → 泳いで	걷다	歩(ある)く → 歩いて
이야기하다	話(はな)す → 話して	가다	行(い)く → 行って
먹다	食(た)べる → 食べて	가르치다	教(おし)える → 教えて
보다	見(み)る → 見て	자다	寝(ね)る → 寝て
일어나다	起(お)きる → 起きて	공부하다	勉強(べんきょう)する → 勉強して
오다	来(く)る → 来(き)て	운동하다	運動(うんどう)する → 運動して

GRAMMAR POINT

1과 ~ 3과
문법 정리 포인트

03 ~て いる 용법

1 현재 진행

예 手紙(てがみ)を 書(か)いて います。편지를 쓰고 있습니다.

買(か)い物(もの)を して います。쇼핑하고 있습니다.

2 자연현상

예 雨(あめ)が たくさん 降(ふ)って います。비가 많이 내리고 있습니다.

風(かぜ)が 強(つよ)く 吹(ふ)いて います。바람이 세게 불고 있습니다.

3 상태

예 田中(たなか)さんを 知(し)って いますか。다나카 씨를 알고 있습니까?

どこに 住(す)んで いますか。어디에 살고 있습니까?

結婚(けっこん)して いますか。결혼했습니까?

車(くるま)を 持(も)って います。차를 갖고 있습니다.

朝(あさ)ご飯(はん)を 食(た)べましたか。아침밥을 먹었습니까?

はい、食べました。네, 먹었습니다.

いいえ、まだ 食べて いません。(○) 아니요, 아직 안 먹었습니다.

| 참고 | いいえ、まだ 食べませんでした。(×)

GRAMMAR POINT

1과 ~ 3과 문법 정리 포인트

04 착용

KATAKANA NOTE

필수 가타카나 연습

メール めーる 메일	メール			
ワンピース わんぴーす 원피스	ワンピース			
ピアス ぴあす 귀고리	ピアス			
プール ぷーる 풀장	プール			
スカート すかーと 스커트	スカート			
ズボン ずぼん 바지	ズボン			
ビール びーる 맥주	ビール			

04

日本へ 行った ことが ありますか。

일본에 간 적이 있습니까?

이번 과의 포인트

□ 日本(にほん)へ 行(い)った ことが ありますか。

일본에 간 적이 있습니까?

→ はい、一度(いちど) あります。

네, 한 번 있습니다.

□ どこへ 行(い)った 方(ほう)が いいですか。

어디에 가는 편이 좋습니까?

→ 東京(とうきょう)の 上野公園(うえのこうえん)へ 行った 方が いいです。

도쿄의 우에노 공원에 가는 편이 좋습니다.

기본 회화

Track 14

DIALOGUE

〈写真(しゃしん)を 見(み)ながら〉

ワン　キムさんは 上野公園(うえのこうえん)へ 行(い)った ことが ありますか。

キム　はい、2年前(にねんまえ)に 行った ことが あります。

ワン　公園の 中(なか)に ある 美術館(びじゅつかん)へ 行って みましたか。

とても 立派(りっぱ)な 美術館(びじゅつかん)です。

キム　そうなんですか。知(し)りませんでした。

ところで、日本へ 行った 時(とき)、

私(わたし)は 日本語の 勉強(べんきょう)を 始(はじ)めた ばかりだったので、

日本語で 話(はな)すのが 難(むずか)しかったんです。

ワン　そうですか。最初(さいしょ)は、簡単(かんたん)な 会話(かいわ)の 表現(ひょうげん)ぐらいは

勉強して おいた 方(ほう)が いいですね。

낱말과 표현

写真(しゃしん) 사진　美術館(びじゅつかん) 미술관　立派(りっぱ)だ 훌륭하다
知(し)りませんでした 몰랐습니다　ところで 그런데　～た 時(とき) ～했을 때　始(はじ)める 시작하다
～たばかり 갓 ～하다, 막 ～하다　最初(さいしょ) 최초, 맨처음　会話(かいわ) 회화
表現(ひょうげん) 표현　～ぐらい ～정도　～ておく ～해 두다

문법 포인트

GRAMMAR

01 동사의 た형

		예
1그룹 동사 (5단동사)	う・つ・る → った ぬ・む・ぶ → んだ く → いた ぐ → いだ す → した ★ 帰る → 帰った (예외) ★ 行く → 行った	会(あ)う → 会った 飲(の)む → 飲んだ 書(か)く → 書いた 泳(およ)ぐ → 泳いだ 話(はな)す → 話した ★ 帰(かえ)る → 帰った ★ 行(い)く → 行った
2그룹 동사 (상1단동사 하1단동사)	~~る~~ + た	見(み)る → 見た 起(お)きる → 起きた 食(た)べる → 食べた 寝(ね)る → 寝た
3그룹 동사 (カ행변격동사 サ행변격동사)	来(く)る → 来(き)た する → した	来る → 来た 勉強(べんきょう)する → 勉強した

참고

～た ことが あります	～한 적이 있습니다	예 行(い)った ことが あります
～た 方(ほう)が いいです	～하는 편이 낫습니다	예 行った 方が いいです
～た ばかりです	～한 지 얼마 안 됐습니다	예 行った ばかりです
～た＋명사	～한(했던)＋명사	예 日本(にほん)へ 行った 人(ひと)

※ た형 활용 연습(해답 51쪽)

의미	동사	た형	의미	동사	た형
사다	買(か)う		기다리다	待(ま)つ	
쓰다	書(か)く		이야기하다	話(はな)す	
읽다	読(よ)む		나가다	出(で)る	
보다	見(み)る		하다	する	
놀다	遊(あそ)ぶ		되다	なる	
걷다	歩(ある)く		할머	死(し)ぬ	
쉬다	休(やす)む		찍다	撮(と)る	
먹다	食(た)べる		가르치다	教(おし)える	
헤엄치다	泳(およ)ぐ		오다	来(く)る	
가다	行(い)く		부르다	呼(よ)ぶ	
일하다	働(はたら)く		마시다	飲(の)む	
자다	寝(ね)る		듣다	聞(き)く	
일어나다	起(お)きる		만들다	作(つく)る	
만나다	会(あ)う		돌아오다(가다)	帰(かえ)る	
타다	乗(の)る		걸다	かける	
피우다, 빨다	吸(す)う		씻다	洗(あら)う	

02 ～た ことが あります ～한 적이 있습니다

예 この 本(ほん)を 読(よ)んだ ことが あります。

あの 映画(えいが)を 見(み)た ことが ありますか。

アメリカへ 行(い)った ことは 一度(いちど)も ありません。

03 ～た 方が いいです ～하는 편이 낫습니다(좋습니다)

예 手紙(てがみ)より 電話(でんわ)を した 方(ほう)が いいです。

それは 先生(せんせい)に 聞(き)いた 方が いいです。

タクシーより バスに 乗(の)った 方が いいです。

04 ～た ばかりです ～한 지 얼마 안 됐습니다, (지금) 막 ～했습니다

예 私(わたし)は 韓国(かんこく)へ 来(き)た ばかりです。

二人(ふたり)は 付(つ)き合(あ)った ばかりです。

今(いま) 着(つ)いた ばかりです。

✚ 낱말과 표현

読(よ)む 읽다　映画(えいが) 영화　アメリカ 미국　一度(いちど)も 한 번도　手紙(てがみ) 편지
電話(でんわ) 전화　聞(き)く 묻다, 듣다　タクシー 택시　バス 버스　～に 乗(の)る ～를 타다
韓国(かんこく) 한국　二人(ふたり) 두 명, 두 사람　付(つ)き合(あ)う 사귀다　着(つ)く 도착하다

※ た형 활용 연습 해답

의미	동사	た형	의미	동사	た형
사다	買(か)う	買った	기다리다	待(ま)つ	待った
쓰다	書(か)く	書いた	이야기하다	話(はな)す	話した
읽다	読(よ)む	読んだ	나가다	出(で)る	出た
보다	見(み)る	見た	하다	する	した
놀다	遊(あそ)ぶ	遊んだ	되다	なる	なった
걷다	歩(ある)く	歩いた	죽다	死(し)ぬ	死んだ
쉬다	休(やす)む	休んだ	찍다	撮(と)る	撮った
먹다	食(た)べる	食べた	가르치다	教(おし)える	教えた
헤엄치다	泳(およ)ぐ	泳いだ	오다	来(く)る	来(き)た
가다	行(い)く	行った	부르다	呼(よ)ぶ	呼んだ
일하다	働(はたら)く	働いた	마시다	飲(の)む	飲んだ
자다	寝(ね)る	寝た	듣다	聞(き)く	聞いた
일어나다	起(お)きる	起きた	만들다	作(つく)る	作った
만나다	会(あ)う	会った	돌아오다(가다)	帰(かえ)る	帰った
타다	乗(の)る	乗った	걸다	かける	かけた
피우다, 빨다	吸(す)う	吸った	씻다	洗(あら)う	洗った

패턴 연습

PATTERN

1 보기

日本(にほん)へ 行(い)く

→ 日本へ 行った ことが ありますか。

❶

小説(しょうせつ)を 読(よ)む

→ ＿＿＿＿＿＿＿＿＿＿＿＿＿＿。

❷

芸能人(げいのうじん)に 会(あ)う

→ ＿＿＿＿＿＿＿＿＿＿＿＿＿＿。

❸

飛行機(ひこうき)に 乗(の)る

→ ＿＿＿＿＿＿＿＿＿＿＿＿＿＿。

❹

日本語(にほんご)を 勉強(べんきょう)する

→ ＿＿＿＿＿＿＿＿＿＿＿＿＿＿。

❺

この 歌(うた)を 聞(き)く

→ ＿＿＿＿＿＿＿＿＿＿＿＿＿＿。

✚ 낱말과 표현

小説(しょうせつ) 소설　芸能人(げいのうじん) 연예인　飛行機(ひこうき)に 乗(の)る 비행기를 타다
勉強(べんきょう) 공부　歌(うた) 노래

2

보기

ゆっくり 休(やす)む

どうしたら いいですか。

→ ゆっくり 休(やす)んだ 方(ほう)が いいです。

1

病院(びょういん)へ 行(い)く

どうしたら いいですか。

→ ________________________。

2

木村(きむら)さんと 結婚(けっこん)する

どうしたら いいですか。

→ ________________________。

3

静(しず)かな 所(ところ)を 探(さが)す

どうしたら いいですか。

→ ________________________。

✚ 낱말과 표현

どうしたら いいですか 어떻게 하면 되겠습니까?　ゆっくり 休(やす)む 푹 쉬다　病院(びょういん) 병원
結婚(けっこん) 결혼　静(しず)かだ 조용하다　所(ところ) 곳, 장소　探(さが)す 찾다

3

보기 空港(くうこう)に 着(つ)く → 空港に 着いた ばかりです。

1. 今(いま) 起(お)きる → ____________________。
2. ふたりは 付(つ)き合(あ)う → ____________________。
3. 日本語(にほんご)を 始(はじ)める → ____________________。
4. ご飯(はん)を 食(た)べる → ____________________。

4 동사의 た형 활용에 맞게 빈칸을 채우세요.

보기 食(た)べる 먹다	作(つく)る 만들다	見(み)る 보다	会(あ)う 만나다
食べた 먹었다			
食べた 料理(りょうり) 먹었던 요리	映画(えいが)	ドラマ	人(ひと)
食べた ことが ある 먹은 적이 있다			
食べた 方(ほう)が いい 먹는 편이 낫다			
食べた ばかりです 먹은 지 얼마 안 됐습니다			

✚ 낱말과 표현

空港(くうこう) 공항　～に 着(つ)く ～에 도착하다　二人(ふたり) 두 사람　付(つ)き合(あ)う 사귀다, 교제하다
始(はじ)める 시작하다　ご飯(はん) 밥　料理(りょうり) 요리　映画(えいが) 영화　ドラマ 드라마

독해 · 작문

Track 15

READING & WRITING

읽어봅시다!

7月8日 木曜日 くもり ときどき 雨

今日は忙しい一日だった。9時に大事な会議があったので、朝ご飯を食べてからすぐ家を出た。会社に着いて会議の書類を読んだ。新しいプロジェクトについて2時間ぐらい会議をした。12時に同僚と一緒に会社の近くで昼ご飯を食べた。静かできれいな所だった。料理もおいしかった。

낱말과 표현

忙(いそが)しい 바쁘다　くもり 흐림　ときどき 때때로　一日(いちにち) 하루
大事(だいじ)だ 중요하다　会議(かいぎ) 회의　家(うち)を出(で)る 집을 나오다
～に 着(つ)く ～에 도착하다　書類(しょるい) 서류　プロジェクト 프로젝트　～に ついて ～에 대해서
同僚(どうりょう) 동료　近(ちか)く 근처　昼(ひる)ご飯(はん) 점심밥　～だった ～이었다
料理(りょうり) 요리

일본어로 써봅시다!

1. 일본에 간 적이 있습니까?

2. 편지보다 전화를 하는 편이 좋습니다.

3. 일본어를 배운 지 얼마 안 됐습니다.

정답
1. 日本(にほん)へ行(い)ったことがありますか。
2. 手紙(てがみ)より電話(でんわ)をした方(ほう)がいいです。
3. 日本語(にほんご)を習(なら)ったばかりです。

한자 연습

KANJI

한자 즐기기

実(じつ) 실	現(げん) 현	代(だい) 대
表(ひょう) 표		実(じつ) 실

- 実現(じつげん) 실현
- 現代(げんだい) 현대
- 表現(ひょうげん) 표현
- 現実(げんじつ) 현실

써봅시다!

小説(しょうせつ) 소설	小説			
会議(かいぎ) 회의	会議			
美術館(びじゅつかん) 미술관	美術館			
電話(でんわ) 전화	電話			
会話(かいわ) 회화	会話			
飛行機(ひこうき) 비행기	飛行機			

듣기 연습

Track 16~17

LISTENING

A. 내용을 듣고 질문에 대한 올바른 답을 ❶ ❷ ❸ ❹ 중에서 고르세요.

정답 (   )

B. 김 씨와 이 씨의 대화입니다. 내용을 듣고 빈 칸에 다녀온 곳에는 ○, 가보지 못한 곳에는 ×를 넣으세요.

場所(ばしょ) / 名前(なまえ)	温泉(おんせん)	相撲(すもう)	カラオケ
キム			
イ			

05

本を読んだり音楽を聞いたりします。

책을 읽기도 하고, 음악을 듣기도 합니다.

이번 과의 포인트

□ 暇(ひま)な 時(とき)は 何(なに)を しますか。

한가할 때는 무엇을 합니까?

→ 山(やま)へ 行(い)ったり 友達(ともだち)と 映画(えいが)を 見(み)たり します。

산에 가기도 하고 친구와 영화를 보기도 합니다.

□ 明日(あした) 富士山(ふじさん)へ 行(い)きます。

내일 후지산에 갑니다.

→ そうですか。明日は 雨(あめ)が 降(ふ)るかも しれません。

그렇습니까? 내일은 비가 올지도 모릅니다.

기본 회화

Track 18

DIALOGUE

青木　キムさんは 暇な 時、何を しますか。

キム　本を 読んだり 音楽を 聞いたり します。青木さんは？

青木　私は 運動したり 映画を 見たり します。

キム　映画が 好きですか。

青木　はい、大好きです。

キムさんは「ラブ」という 映画を 見た ことが ありますか。

キム　いいえ、見た ことが ありません。

青木　とても おもしろい 映画でしたよ。

今も ソウル映画館で やって いるかも しれません。

キム　私も ぜひ 見て みたいですね。

✚ 낱말과 표현

暇(ひま)だ 한가하다　時(とき) 때　音楽(おんがく) 음악　運動(うんどう) 운동　映画(えいが) 영화
大好(だいす)きだ 아주 좋아하다　ラブ LOVE　～という ～라는, ～라고 하는
～た ことが ある ～한 적이 있다　映画館(えいがかん) 영화관　やる 하다
～かも しれません ～일지도 모릅니다　ぜひ 꼭

문법 포인트

GRAMMAR

01 동사의 たり형

		예
1그룹 동사 (5 단동사)	う・つ・る → ったり ぬ・む・ぶ → んだり く → いたり ぐ → いだり す → したり ★ 帰る → 帰ったり (예외) ★ 行く → 行ったり	会(あ)う → 会ったり 飲(の)む → 飲んだり 書(か)く → 書いたり 泳(およ)ぐ → 泳いだり 話(はな)す → 話したり ★ 帰(かえ)る → 帰ったり ★ 行(い)く → 行ったり
2그룹 동사 (상1단동사 하1단동사)	~~る~~ + たり	見(み)る → 見たり 起(お)きる → 起きたり 食(た)べる → 食べたり 寝(ね)る → 寝たり
3그룹 동사 (カ행변격동사 サ행변격동사)	来(く)る → 来(き)たり する → したり	来る → 来たり 勉強(べんきょう)する → 勉強したり

※ たり형 연습(해답 64쪽)

의미	동사	たり형	의미	동사	たり형
사다	買(か)う		기다리다	待(ま)つ	
쓰다	書(か)く		이야기하다	話(はな)す	
읽다	読(よ)む		나가다	出(で)る	
보다	見(み)る		하다	する	
놀다	遊(あそ)ぶ		되다	なる	
걷다	歩(ある)く		죽다	死(し)ぬ	
쉬다	休(やす)む		찍다	撮(と)る	
먹다	食(た)べる		가르치다	教(おし)える	
헤엄치다	泳(およ)ぐ		오다	来(く)る	
가다	行(い)く		부르다	呼(よ)ぶ	
일하다	働(はたら)く		마시다	飲(の)む	
자다	寝(ね)る		듣다	聞(き)く	
일어나다	起(お)きる		만들다	作(つく)る	
만나다	会(あ)う		돌아오다(가다)	帰(かえ)る	
타다	乗(の)る		걸다	かける	
피우다, 빨다	吸(す)う		씻다	洗(あら)う	

02 ～たり「～이기도 하고」의 용법

명사	명사+だったり	예 会社員(かいしゃいん)だったり
い형용사	~~い~~ + かったり	예 暑(あつ)かったり
な형용사	~~だ~~ + だったり	예 まじめだったり
동사	동사의 たり형	예 映画(えいが)を 見(み)たり

예 朝食(ちょうしょく)は パンだったり ご飯(はん)だったり します。

値段(ねだん)は 高(たか)かったり 安(やす)かったり します。

交通(こうつう)は 便利(べんり)だったり 不便(ふべん)だったり します。

映画(えいが)を 見(み)たり コーヒーを 飲(の)んだり します。

★家(いえ)の 前(まえ)を 行(い)ったり 来(き)たり します。

「来たり 行ったり (×)」

03 ～かも しれません ～일지도 모릅니다

명사	명사+かも しれません	예 休(やす)みかも しれません
い형용사	～い +かも しれません	예 安(やす)いかも しれません
な형용사	~~だ~~+かも しれません	예 親切(しんせつ)かも しれません
동사	동사+かも しれません	예 日本(にほん)へ 行(い)くかも しれません

예 キムさんの 話(はなし)は うそかも しれません。

日本(にほん)へ 行(い)った 方(ほう)が いいかも しれません。

あの 部屋(へや)が 静(しず)かかも しれません。

明日(あした)は 雨(あめ)が 降(ふ)るかも しれません。

04 ～と いう ～라고 하는

예 「心(こころ)」 という 小説(しょうせつ)を 読(よ)んだ ことが ありますか。

「田中(たなか)」 という 人(ひと)を 知(し)って いますか。

日本語(にほんご)で 寝(ね)る 前(まえ)に 何(なん)と 言(い)いますか。

英語(えいご)で 朝(あさ)の あいさつは 何(なん)と 言(い)いますか。

05 やる 하다

예 その ドラマは 今(いま) テレビで やって います。

田中(たなか)さん、やって みて ください。

一度(いちど) やって みます。

✚ 낱말과 표현

朝食(ちょうしょく) 조식　値段(ねだん) 가격　交通(こうつう) 교통　便利(べんり)だ 편리하다
不便(ふべん)だ 불편하다　映画(えいが) 영화　コーヒー 커피　家(うち／いえ) 집
話(はなし) 이야기　～た 方(ほう)が いい ～하는 편이 낫다　部屋(へや) 방　静(しず)かだ 조용하다
雨(あめ)が 降(ふ)る 비가 내리다　心(こころ) 마음　小説(しょうせつ) 소설　知(し)る 알다(예외 활용)
寝(ね)る 자다　英語(えいご) 영어　朝(あさ) 아침　挨拶(あいさつ) 인사　ドラマ 드라마
一度(いちど) 한 번　やって みる 해 보다

※たり형 연습 정답

의미	동사	たり형	의미	동사	たり형
사다	買う	買ったり	기다리다	待つ	待ったり
쓰다	書く	書いたり	이야기하다	話す	話したり
읽다	読む	読んだり	나가다	出る	出たり
보다	見る	見たり	하다	する	したり
놀다	遊ぶ	遊んだり	되다	なる	なったり
걷다	歩く	歩いたり	죽다	死ぬ	死んだり
쉬다	休む	休んだり	찍다	撮る	撮ったり
먹다	食べる	食べたり	가르치다	教える	教えたり
헤엄치다	泳ぐ	泳いだり	오다	来る	来たり
가다	行く	行ったり	부르다	呼ぶ	呼んだり
일하다	働く	働いたり	마시다	飲む	飲んだり
자다	寝る	寝たり	듣다	聞く	聞いたり
일어나다	起きる	起きたり	만들다	作る	作ったり
만나다	会う	会ったり	돌아오다(가다)	帰る	帰ったり
타다	乗る	乗ったり	걸다	かける	かけたり
피우다, 빨다	吸う	吸ったり	씻다	洗う	洗ったり

패턴 연습

PATTERN

1

보기

テレビを 見(み)る・音楽(おんがく)を 聞(き)く

→ テレビを 見たり 音楽を 聞いたり します。

❶

お酒(さけ)を 飲(の)む・たばこを 吸(す)う

→ ____________________。

❷

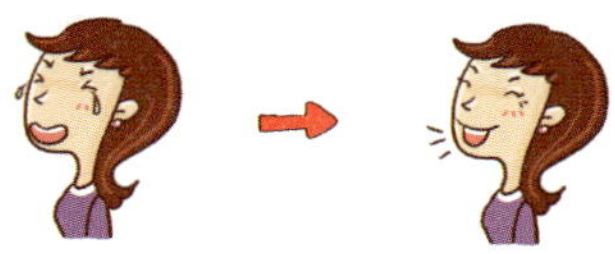

泣(な)く・笑(わら)う

→ ____________________。

❸

バスに 乗(の)る・歩(ある)く

→ ____________________。

❹

晴(は)れる・くもる

→ ____________________。

❺

おもしろい・つまらない

→ ____________________。

✚ 낱말과 표현

お酒(さけ)を 飲(の)む 술을 마시다　たばこを 吸(す)う 담배를 피우다　泣(な)く 울다　笑(わら)う 웃다
~に 乗(の)る ~를 타다　歩(ある)く 걷다　晴(は)れる 맑다, 개이다　曇(くも)る 흐리다
つまらない 재미없다, 시시하다

2

보기

雨(あめ)が 降(ふ)る

→ 雨が 降るかも しれません。

1

寝(ね)て いる

→ 青木(あおき)さんは 今(いま)＿＿＿＿＿＿＿＿＿＿＿＿＿＿＿。

2

高(たか)い

→ この 香水(こうすい)は ちょっと＿＿＿＿＿＿＿＿＿＿＿＿。

3

映画(えいが)を 見(み)る

→ 明日(あした)は 友達(ともだち)と 一緒(いっしょ)に＿＿＿＿＿＿＿＿＿＿＿＿。

4

有名(ゆうめい)だ

→ あの 歌手(かしゅ)は とても＿＿＿＿＿＿＿＿＿＿＿＿＿。

5

難(むずか)しい

→ この 問題(もんだい)は ちょっと＿＿＿＿＿＿＿＿＿＿＿＿。

6

結婚(けっこん)する

→ 田中(たなか)さんと キムさんは すぐ＿＿＿＿＿＿＿＿。

✚ 낱말과 표현

雨(あめ)が 降(ふ)る 비가 내리다　香水(こうすい) 향수　明日(あした) 내일　友達(ともだち) 친구
一緒(いっしょ)に 같이, 함께　歌手(かしゅ) 가수　有名(ゆうめい)だ 유명하다　問題(もんだい) 문제
難(むずか)しい 어렵다　結婚(けっこん) 결혼　すぐ 곧, 금방

독해 · 작문

Track 19

READING & WRITING

읽어봅시다!

昨日は久しぶりに友達と一緒に「恋人」という映画を見ました。とても感動的でした。映画を見てから、私たちはお酒を飲んだりカラオケへ行って歌を歌ったりしました。とても楽しかったです。明日は会社の同僚と海へ行きます。雨が降るかもしれませんが、前からの約束だったので、雨が降っても行きます。

낱말과 표현

久(ひさ)しぶりに 오랜만에　恋人(こいびと) 애인　感動的(かんどうてき) 감동적　私(わたし)たち 우리들
お酒(さけ) 술　カラオケ 노래방　楽(たの)しい 즐겁다　同僚(どうりょう) 동료　海 (うみ) 바다
～かも しれません ~ 일지도 모릅니다　約束(やくそく) 약속　雨(あめ)が 降(ふ)る 비가 내리다

일본어로 써봅시다!

1. 나는 한가할 때 TV를 보기도 하고 자기도 합니다.

2. '친구'라는 영화를 본 적이 있습니까?

3. 내일은 눈이 올지도 모릅니다.

4. 이 가게는 싸기도 하고 맛있기도 합니다.

정답
1. 私(わたし)は暇(ひま)な時(とき)、テレビを見(み)たり寝(ね)たりします。
2. 「友達(ともだち)」という映画(えいが)を見(み)たことがありますか。
3. 明日(あした)は雪(ゆき)が降(ふ)るかもしれません。
4. この店(みせ)は安(やす)かったりおいしかったりします。

한자 연습

한자 즐기기

うんどう 運動 운동 / はんどう 反動 반동

うん 運 운

はん 反 반

どう 動 동

こう 行 행

かん 感 감

こうどう 行動 행동 / かんどう 感動 감동

써봅시다!

こう すい 香水 향수	香水			
えい が かん 映画館 영화관	映画館			
か しゅ 歌手 가수	歌手			
やく そく 約束 약속	約束			
かん どう 感動 감동	感動			
どう りょう 同僚 동료	同僚			

듣기 연습

Track 20~21

LISTENING

A. 내용을 듣고 올바른 순서대로 나열한 것을 고르세요.

❶ 가－다－나　　❷ 나－가－다

❸ 가－나－다　　❹ 다－나－가

B. 내용을 듣고 그림과 일치하면 ○, 일치하지 않으면 ×를 넣으세요.

❶ (　　　　　)

❷ (　　　　　)

❸ (　　　　　)

❹ (　　　　　)

01 家(いえ)から 学校(がっこう)までどのぐらい かかりますか。
집에서 학교까지 얼마나 걸립니까?

예 A : 家から 学校まで どのぐらい かかりますか。
집에서 학교까지 얼마나 걸립니까?

B : 歩(ある)いて 20分(にじゅっぷん)ぐらい かかります。 걸어서 20분 정도 걸립니다.

| 아래 낱말을 써서 파란색 부분과 바꿔서 말해보세요. |

バスで 10分(じゅっぷん) 버스로 10분
歩(ある)いて 30分(さんじゅっぷん) 걸어서 30분
タクシーで 5分(ごふん) 택시로 5분　車(くるま)で 15分(じゅうごふん) 차로 15분
地下鉄(ちかてつ)で 20分(にじゅっぷん) 지하철로 20분
一時間(いちじかん) 1시간　電車(でんしゃ) 전철

02 暇(ひま)な 時(とき)は 何(なに)を しますか。 한가할 때는 무엇을 합니까?

예 A : 暇な 時は 何を しますか。 한가할 때는 무엇을 합니까?

B : 映画(えいが)を 見(み)たり 本(ほん)を 読(よ)んだり します。 영화를 보기도 하고 책을 읽기도 합니다.

| 아래 낱말을 써서 파란색 부분과 바꿔서 말해보세요. |

ピアノを 弾(ひ)く 피아노를 치다　ギターを 弾(ひ)く 기타를 치다
寝(ね)る 자다　ゆっくり 休(やす)む 푹 쉬다
運動(うんどう)を する 운동을 하다
コンピューターを する 컴퓨터를 하다

GRAMMAR POINT

4과~5과 문법 정리 포인트

01 동사 정리표

기본형	종류	ます형 ~합니다	て형 ~하고	た형 ~했다	たり형 ~하기도 하고	たら형 ~하면
買(か)う	1그룹 동사 (5단 동사)	買います	買って	買った	買ったり	買ったら
会(あ)う		会います	会って	会った	会ったり	会ったら
聞(き)く		聞きます	聞いて	聞いた	聞いたり	聞いたら
行(い)く		行きます	行って	行った	行ったり	行ったら
泳(およ)ぐ		泳ぎます	泳いで	泳いだ	泳いだり	泳いだら
話(はな)す		話します	話して	話した	話したり	話したら
待(ま)つ		待ちます	待って	待った	待ったり	待ったら
死(し)ぬ		死にます	死んで	死んだ	死んだり	死んだら
遊(あそ)ぶ		遊びます	遊んで	遊んだ	遊んだり	遊んだら
読(よ)む		読みます	読んで	読んだ	読んだり	読んだら
飲(の)む		飲みます	飲んで	飲んだ	飲んだり	飲んだら
作(つく)る		作ります	作って	作った	作ったり	作ったら
乗(の)る		乗ります	乗って	乗った	乗ったり	乗ったら
★帰(かえ)る		★帰ります	★帰って	★帰った	★帰ったり	★帰ったら
見(み)る	2그룹 동사 (상1단 하1단 동사)	見ます	見て	見た	見たり	見たら
食(た)べる		食べます	食べて	食べた	食べたり	食べたら
起(お)きる		起きます	起きて	起きた	起きたり	起きたら
教(おし)える		教えます	教えて	教えた	教えたり	教えたら
来(く)る	3그룹(カ행 변격동사)	来(き)ます	来(き)て	来(き)た	来(き)たり	来(き)たら
する	3그룹(サ행 변격동사)	します	して	した	したり	したら

GRAMMAR POINT

4과~5과
문법 정리 포인트

02 た형 활용 문법

1 ～た ことが あります ～한 적이 있습니다

예 中国(ちゅうごく)へ 行(い)った ことが ありますか。

2 ～た 方(ほう)が いいです ～하는 편이 좋습니다

예 朝(あさ) 早(はや)く 起(お)きた 方(ほう)が いいです。

3 ～た ばかりです ～한 지 얼마 안 됐습니다

예 韓国(かんこく)へ 来(き)た ばかりです。

03 たり형 활용 문법

1 명사 : ～だったり

예 昼(ひる)ごはんは ラーメンだったり パンだったり します。

2 い형용사 : ～かったり

예 日本語(にほんご)は おもしろかったり 難(むずか)しかったり します。

3 な형용사 : ~~だ~~ + だったり

예 田中(たなか)さんは 親切(しんせつ)だったり まじめだったり します。

4 동사 : ～たり ～たり する

예 キムさんに 手紙(てがみ)を 書(か)いたり 電話(でんわ)を かけたり します。

GRAMMAR POINT

4과～5과 문법 정리 포인트

04 ～かも しれません

1 명사 + かも しれません

예 キムさんが 犯人(はんにん)かも しれません。

2 い형용사 + かも しれません

예 ちょっと 高(たか)いかも しれません

3 な형용사 ~~だ~~ + かも しれません

예 あの レストランの 方(ほう)が もっと きれいかも しれません。

4 동사 + かも しれません

예 明日(あした)は 雪(ゆき)が 降(ふ)るかも しれません。

낱말과 표현

犯人(はんにん) 범인　レストラン 레스토랑　雪(ゆき) 눈

05 접속사 총정리

そして	그리고	ところで	그런데(화제 전환)
それで	그래서	それから	그러고 나서
だから	그래서, 그러니까	では(=じゃ)	그럼, 그러면
でも	하지만, 그렇지만	それに	게다가

06

お酒が飲めますか。

술을 마실 수 있습니까?

이번 과의 포인트

□ お酒(さけ)が 飲(の)めますか。술을 마실 수 있습니까?

→ はい、飲めます。네, 마실 수 있습니다.

→ いいえ、あまり 飲めません。
아뇨, 별로 못 마십니다.

□ 英語(えいご)が できますか。영어를 할 수 있습니까?

→ はい、少(すこ)し できます。네, 조금 할 수 있습니다.

→ いいえ、ぜんぜん できません。
아니요, 전혀 못 합니다.

기본 회화

Track 23

DIALOGUE

木村　お酒(さけ)が 飲(の)めますか。

キム　いいえ、あまり 飲めません。

木村　どんな お酒なら 飲めますか。

キム　甘(あま)い お酒なら 飲めます。

木村　じゃ、今度(こんど) 飲みに 行(い)きましょう。

キム　いいですね。 いつに しましょうか。

木村　来週(らいしゅう)の 金曜日(きんようび)は どうでしょうか。

キム　金曜日は 友達(ともだち)の 卒業式(そつぎょうしき)なので 行(い)けません。
でも、土曜日(どようび)なら 大丈夫(だいじょうぶ)です。

木村　そうですか。じゃ、土曜日に しましょう。

낱말과 표현

お酒(さけ) 술　飲(の)む 마시다 (→ 가능형 飲(の)める)　どんな 어떤　～なら ~라면
甘(あま)い 달다, 독하지 않다　今度(こんど) 이번, 다음 번　～ましょう ~합시다　いつ 언제
卒業式(そつぎょうしき) 졸업식　大丈夫(だいじょうぶ)だ 괜찮다　～に する ~로 하다

문법 포인트

GRAMMAR

01 동사의 가능형

		예
1그룹 동사 (5 단동사)	u단 → e단 + る	飲(の)む → 飲める 話(はな)す → 話せる 行(い)く → 行ける ★ 帰(かえ)る → 帰れる
2그룹 동사 (상1단동사 하1단동사)	~~る~~ + られる	見(み)る → 見られる 起(お)きる → 起きられる 食(た)べる → 食べられる 寝(ね)る → 寝られる
3그룹 동사 (カ행변격동사 サ행변격동사)	来(く)る → こられる する → できる	来(く)る → 来(こ)られる 運転(うんてん)する → 運転できる

예 お酒(さけ)は あまり 飲(の)めませんが、雰囲気(ふんいき)は 好(す)きです。

カタカナが 書(か)けますか。

好(す)きな →(ひと)に 好きだと 言(い)えますか。

私(わたし)は 辛(から)い 料理(りょうり)が 食(た)べられません。

学校(がっこう)で 何(なに)が できますか。

ごめんなさい、明日(あした)から 出張(しゅっちょう)なので 来(こ)られません。

＊ ～が ＋ 가능형 (＝ ～を ＋ 기본형 ＋ ことが できる)

예 ひらがなが 読(よ)める ＝ ひらがなを 。(よ)む ことが できる。

英語(えいご)が 教(おし)えられる ＝ 英語を 教える ことが できる。

※ 가능형 활용 연습 (해답 79 쪽)

의미	동사	가능형	의미	동사	가능형
사다	買(か)う		기다리다	待(ま)つ	
쓰다	書(か)く		이야기하다	話(はな)す	
읽다	読(よ)む		나가다	出(で)る	
보다	見(み)る		하다	する	
놀다	遊(あそ)ぶ		되다	なる	
걷다	歩(ある)く		죽다	死(し)ぬ	
쉬다	休(やす)む		찍다	撮(と)る	
먹다	食(た)べる		가르치다	教(おし)える	
헤엄치다	泳(およ)ぐ		오다	来(く)る	
가다	行(い)く		부르다	呼(よ)ぶ	
일하다	働(はたら)く		마시다	飲(の)む	
자다	寝(ね)る		듣다	聞(き)く	
일어나다	起(お)きる		만들다	作(つく)る	
만나다	会(あ)う		돌아오다(가다)	帰(かえ)る	
타다	乗(の)る		걸다	かける	
피우다, 빨다	吸(す)う		씻다	洗(あら)う	

✚ 낱말과 표현

雰囲気(ふんいき) 분위기　カタカナ 가타카나　好(す)きだ 좋아하다　辛(から)い 맵다
料理(りょうり) 요리　学校(がっこう) 학교　出張(しゅっちょう) 출장　英語(えいご) 영어
できる 할 수 있다

02 ～なら ～라면

예 コンビニなら あそこに あります。

スポーツなら 木村(きむら)さんです。

ソウルデパートなら 三番出口(さんばんでぐち)です。

03 ～に する ～로 하다

예 ① A：メニューは 何(なに)に しますか。

B：私(わたし)は ジュースに します。

② A：場所(ばしょ)は どこに しましょうか。

B：上野公園(うえのこうえん)に しましょう。

✚ 낱말과 표현

コンビニ 편의점　スポーツ 스포츠　デパート 백화점　三番出口(さんばんでぐち) 3번 출구
メニュー 메뉴　ジュース 주스　場所(ばしょ) 장소　上野公園(うえのこうえん) 우에노 공원

※ 가능형 활용 연습 해답

의미	동사	가능형	의미	동사	가능형
사다	買(か)う	買える	기다리다	待(ま)つ	待てる
쓰다	書(か)く	書ける	이야기하다	話(はな)す	話せる
읽다	読(よ)む	読める	나가다	出(で)る	出られる
보다	見(み)る	見られる	하다	する	できる
놀다	遊(あそ)ぶ	遊べる	되다	なる	なれる
걷다	歩(ある)く	歩ける	죽다	死(し)ぬ	死ねる
쉬다	休(やす)む	休める	찍다	撮(と)る	撮れる
먹다	食(た)べる	食べられる	가르치다	教(おし)える	教えられる
헤엄치다	泳(およ)ぐ	泳げる	오다	来(く)る	来(こ)られる
가다	行(い)く	行ける	부르다	呼(よ)ぶ	呼べる
일하다	働(はたら)く	働ける	마시다	飲(の)む	飲める
자다	寝(ね)る	寝られる	듣다	聞(き)く	聞ける
일어나다	起(お)きる	起きられる	만들다	作(つく)る	作れる
만나다	会(あ)う	会える	돌아오다(가다)	帰(かえ)る	帰れる
타다	乗(の)る	乗れる	걸다	かける	かけられる
피우다, 빨다	吸(す)う	吸える	씻다	洗(あら)う	洗える

패턴 연습

PATTERN

1 보기

ピアノを 弾(ひ)く → ピアノが 弾(ひ)けますか。

はい、弾けます。

いいえ、弾けません。

1

漢字(かんじ)を 書(か)く → 漢字(かんじ)が 書(か)けますか。

→ ______________________________。

______________________________。

2

朝(あさ) 早(はや)く 起(お)きる → 朝(あさ) 早(はや)く 起(お)きられますか。

→ ______________________________。

______________________________。

3

プールで 泳(およ)ぐ → プールで 泳(およ)げますか。

→ ______________________________。

______________________________。

4

電話(でんわ)を 使(つか)う → 電話(でんわ)が 使(つか)えますか。

→ ______________________________。

______________________________。

+ 낱말과 표현

ピアノを 弾(ひ)く 피아노를 치다　漢字(かんじ) 한자　朝(あさ) 아침　早(はや)く 일찍
プール 수영장　泳(およ)ぐ 수영하다　電話(でんわ) 전화　使(つか)う 사용하다, 쓰다

2 보기

日本(にほん)の 歌(うた)を 歌(うた)う

(○ → 日本の 歌が 歌えます。)

(× → 日本の 歌が 歌えません。)

1

○

スキーを する

→ ____________________。

2

×

運転(うんてん)を する

→ ____________________。

3

○

中国語(ちゅうごくご)で 話(はな)す

→ ____________________。

4

×

お酒(さけ)を 飲(の)む

→ ____________________。

5

×

粉薬(こなぐすり)を 飲む

→ ____________________。

+ 낱말과 표현

歌(うた)を 歌(うた)う 노래를 부르다　スキーを する 스키를 타다　運転(うんてん) 운전
中国語(ちゅうごくご)で 話(はな)す 중국어로 이야기하다　お酒(さけ) 술
粉薬(こなぐすり)を 飲(の)む 가루약을 먹다　[참고] 薬(くすり)を 飲(の)む 약을 먹다

독해・작문

Track 24

READING & WRITING

읽어봅시다!

これは「ラブ」という映画のパンフレットです。

私は日本語ができるので、このパンフレットの日本語が読めます。

この映画は韓国人と日本人との愛についての話です。

この映画は９月３日に韓国と日本で同時に公開される予定です。

そして、20歳以上の人はこの映画が見られますが、20歳未満の人は見られません。

＋ 낱말과 표현

ラブ LOVE　映画(えいが) 영화　パンフレット 팸플릿　愛(あい) 사랑　～について ～에 관하여
話(はなし) 이야기　同時(どうじ)に 동시에　公開(こうかい)される 공개되다, (영화가) 개봉되다
予定(よてい) 예정　そして 그리고　20歳(はたち) 20세　以上(いじょう) 이상　未満(みまん) 미만

일본어로 써봅시다!

1. 히라가나를 읽을 수 있습니까?

2. 중학생은 이 영화를 볼 수 없습니다.

3. 내일은 올 수 있습니까?

4. 일본인과 일본어로 이야기할 수 있습니까?

정답 1. ひらがなが読(よ)めますか。
2. 中学生(ちゅうがくせい)はこの映画(えいが)が見られません。
3. 明日(あした)は来(こ)られますか。
4. 日本人(にほんじん)と日本語(にほんご)で話(はな)せますか。

한자 즐기기

料(りょう) 료

資(し) 자 — 資料(しりょう) 자료

金(きん) 금 — 料金(りょうきん) 요금

無(む) 무 — 無料(むりょう) 무료

理(り) 리 — 料理(りょうり) 요리

써봅시다!

料理(りょうり) 요리	料理			
雰囲気(ふんいき) 분위기	雰囲気			
英語(えいご) 영어	英語			
映画(えいが) 영화	映画			
交通(こうつう) 교통	交通			
旅行(りょこう) 여행	旅行			

듣기 연습

Track 25~26

LISTENING

A. 두 사람의 대화를 듣고 언제 여행을 가기로 했는지 ❶ ❷ ❸번 중에서 고르세요.

月	火	水	木	金	土	日
					1	2
3	4	5	6	7	8 ❶	9
10	11	12	13	14	15 ❷	16
17	18	19	20	21	22 ❸	23
24	25	26	27	28	29	30

정답 (   )

B. 하나코 씨에 대한 설명이 그림과 일치하면 ○, 일치하지 않으면 ×를 넣으세요.

❶ (   )

❷ (   )

❸ (   )

❹ (   )

집의 내부

かわら 기와
やね 지붕
おふろ 욕실
まど 창문
かべ 벽
トイレ 화장실
ふとん 이불
ベッド 침대
かけどけい 벽시계
キッチン，だいどころ 부엌
かいだん 계단
れいぞうこ 냉장고
ドア 문
ろうか 복도
でんわ 전화
テレビ 텔레비전
ソファー 소파
いま 거실
げたばこ 신발장
げんかん 현관

07

5時に 起きなければ なりません。

5시에 일어나지 않으면 안 됩니다.

이번 과의 포인트

□ ここで たばこを 吸(す)わないで ください。

여기에서 담배를 피우지 마세요.

→ はい、わかりました。

네, 알겠습니다.

□ 明日(あした)も 来(こ)なければ なりませんか。

내일도 오지 않으면 안 됩니까?

→ いいえ、明日は 来(こ)なくても いいです。

아뇨, 내일은 오지 않아도 됩니다.

기본 회화

Track 27

DIALOGUE

山田　恭子(きょうこ)さん、就職(しゅうしょく) おめでとうございます。

恭子　ありがとうございます。でも、ちょっと 心配(しんぱい)なんです。

山田　どうしてですか。

恭子　毎朝(まいあさ) 5時(ごじ)に 起(お)きなければ なりません。

山田　え～、早(はや)いですね。土曜日(どようび)も 会社(かいしゃ)へ 行(い)きますか。

恭子　いいえ、土曜日は 行かなくても いいです。

山田　うちの 会社は 土曜日も 行かなければ なりません。

恭子　それは たいへんですね。週末(しゅうまつ)は ゆっくり できませんね。

山田　そうですね。恭子さん、出勤(しゅっきん)は いつからですか。

恭子　明日(あした)からです。

山田　じゃ、遅(おく)れないで くださいね。

낱말과 표현

就職(しゅうしょく) 취직　おめでとうございます 축하합니다　でも 하지만, 그렇지만
ちょっと 心配(しんぱい)なんです 좀 걱정이에요　どうして 어째서, 왜　毎朝(まいあさ) 매일 아침
早(はや)い 이르다, 빠르다　週末(しゅうまつ) 주말　ゆっくり できる 푹 쉴 수 있다 (ゆっくり する 푹 쉬다)
出勤(しゅっきん) 출근　遅(おく)れる 늦다

01 동사의 부정형

1그룹 동사 (5 단동사)	u 단 → a 단 + ない (단, う로 끝나는 동사는 う → わ로 바꾼다)	예 会(あ)う → 会わない(〇) 会あない(×) ある → ない(〇), あらない(×) 読む → 読まない ★ 帰(かえ)る → 帰らない
2그룹 동사 (상1단동사 하1단동사)	~~る~~ + ない	いる → いない 見(み)る → 見ない 食(た)べる → 食べない
3그룹 동사 (カ행변격동사 サ행변격동사)	来(く)る → 来(こ)ない する → しない	来(く)る → 来(こ)ない 運動(うんどう)する → 運動(うんどう)しない

02 ない형 활용 문법

～ないで ください	～하지 말아주세요	예 食(た)べないで ください
～ない 方(ほう)が いいです	～하지 않는 편이 좋습니다	예 食べない 方が いいです
～なければ なりません (=なければ いけません)	～하지 않으면 안 됩니다	예 食べなければ なりません (=食べなければ いけません)
～なくても いいです	～하지 않아도 됩니다	예 食べなくても いいです
～ないで	～하지 않고(나열, 열거)	예 食べないで
～なくて	～하지 않아서(이유, 원인)	예 食べなくて

※ 부정형 활용 연습 (해답 92쪽)

의미	동사	ない형	의미	동사	ない형
사다	買(か)う		기다리다	待(ま)つ	
쓰다	書(か)く		이야기하다	話(はな)す	
읽다	読(よ)む		나가다	出(で)る	
보다	見(み)る		하다	する	
놀다	遊(あそ)ぶ		되다	なる	
걷다	歩(ある)く		죽다	死(し)ぬ	
쉬다	休(やす)む		찍다	撮(と)る	
먹다	食(た)べる		가르치다	教(おし)える	
헤엄치다	泳(およ)ぐ		오다	来(く)る	
가다	行(い)く		부르다	呼(よ)ぶ	
일하다	働(はたら)く		마시다	飲(の)む	
자다	寝(ね)る		듣다	聞(き)く	
일어나다	起(お)きる		만들다	作(つく)る	
만나다	会(あ)う		돌아오다(가다)	帰(かえ)る	
타다	乗(の)る		걸다	かける	
피우다, 빨다	吸(す)う		씻다	洗(あら)う	

03 ～なければ なりません
～なければ いけません ～하지 않으면 안 됩니다, ～해야 합니다

예 一生懸命 勉強しなければ なりません。

明日は 休みなのに 会社へ 行かなければ なりません。

会社では 制服を 着なければ なりません。

7時までに 着かなければ いけません。

04 ～なくても いいです ～ 하지 않아도 됩니다

예 日本語で 話さなくても いいです。

飲み会で お酒を 飲まなくても いいです。

明日は バイトに 来なくても いいです。

仕事を やめなくても いいです。

05 ～ないで ください ～하지 마세요, ～하지 말아 주세요

예 ここで たばこを 吸わないで ください。

ここで 写真を 撮らないで ください。

テレビの すぐ 前で 見ないで ください。目が 悪く なりますよ。

ビールを 飲んで 車を 運転しないで ください。

06 ～んです ~인 것입니다, ~인데요

[명사]

예 明日(あした)は キムさんの 誕生日(たんじょうび)なんです。

[い형용사]

예 頭(あたま)が 痛(いた)いんです。

[な형용사]

예 交通(こうつう)は 便利(べんり)なんです。

[동사]

예 暇(ひま)な 時(とき)は 何(なに)を するんですか。

昨日(きのう)は 何を したんですか。

よく わからないんです。

✚ 낱말과 표현

一生懸命(いっしょうけんめい) 열심히　勉強(べんきょう) 공부　休(やす)み 휴식, 휴일
～なのに ~인데도　制服(せいふく) 제복　着(き)る 입다　～までに ~까지　着(つ)く 도착하다
飲(の)み会(かい) 술 모임　バイト 아르바이트　仕事(しごと)を やめる 일을 그만두다
たばこを 吸(す)う 담배를 피우다　写真(しゃしん)を 撮(と)る 사진을 찍다　テレビ 텔레비전
すぐ 곧, 바로　目(め) 눈　悪(わる)い 나쁘다　ビール 맥주　運転(うんてん) 운전
誕生日(たんじょうび) 생일　頭(あたま) 머리　痛(いた)い 아프다　交通(こうつう) 교통
便利(べんり)だ 편리하다　暇(ひま)だ 한가하다　時(とき) 때　昨日(きのう) 어제　わかる 알다, 이해하다

※ 부정형 활용 연습 해답

의미	동사	ない형	의미	동사	ない형
사다	買(か)う	買わない	기다리다	待(ま)つ	待たない
쓰다	書(か)く	書かない	이야기하다	話(はな)す	話さない
읽다	読(よ)む	読まない	나가다	出(で)る	出ない
보다	見(み)る	見ない	하다	する	しない
놀다	遊(あそ)ぶ	遊ばない	되다	なる	ならない
걷다	歩(ある)く	歩かない	죽다	死(し)ぬ	死なない
쉬다	休(やす)む	休まない	찍다	撮(と)る	撮らない
먹다	食(た)べる	食べない	가르치다	教(おし)える	教えない
헤엄치다	泳(およ)ぐ	泳がない	오다	来(く)る	来(こ)ない
가다	行(い)く	行かない	부르다	呼(よ)ぶ	呼ばない
일하다	働(はたら)く	働かない	마시다	飲(の)む	飲まない
자다	寝(ね)る	寝ない	듣다	聞(き)く	聞かない
일어나다	起(お)きる	起きない	만들다	作(つく)る	作らない
만나다	会(あ)う	会わない	돌아오다	帰(かえ)る	帰らない
타다	乗(の)る	乗らない	걸다	かける	かけない
피우다, 빨다	吸(す)う	吸わない	씻다	洗(あら)う	洗わない

패턴 연습

PATTERN

1 보기 試験(しけん)を 受(う)ける → 試験を 受けなければ なりません。

1. 友達(ともだち)に 会(あ)う → 友達に ______________________。
2. 電車(でんしゃ)に 乗(の)る → 電車に ______________________。
3. 授業(じゅぎょう)を 受(う)ける → 授業を ______________________。
4. 運動(うんどう)を する → 運動を ______________________。

2 보기 キムさんに 電話(でんわ)する → キムさんに 電話しなくても いいです。

1. 掃除(そうじ)をする → 掃除を ______________________。
2. お酒(さけ)を 飲(の)む → お酒を ______________________。
3. お金(かね)を 払(はら)う → お金を ______________________。
4. 買(か)い物(もの)に 行(い)く → 買(か)い物(もの)に ______________________。

+ 낱말과 표현

試験(しけん)を 受(う)ける 시험을 보다(치르다)　友達(ともだち) 친구　電車(でんしゃ)に 乗(の)る 전철을 타다　授業(じゅぎょう)を 受(う)ける 수업을 듣다　掃除(そうじ) 청소　電話(でんわ) 전화　運動(うんどう) 운동　お酒(さけ) 술　お金(かね) 돈　払(はら)う 지불하다　買(か)い物(もの) 쇼핑

3

보기
話す → 隣の 人と 話さないで ください。

1. 映画を 見る → 20歳未満の 人は この ＿＿＿＿＿＿＿＿＿＿＿＿。
2. 入る → 芝生に ＿＿＿＿＿＿＿＿＿＿＿＿＿＿＿＿＿＿。
3. 電話を する → 夜 遅く ＿＿＿＿＿＿＿＿＿＿＿＿＿＿＿＿。
4. 病院へ 来る → 明日は 休みなので ＿＿＿＿＿＿＿＿＿＿＿＿。

4

보기
タクシーに 乗る → 夜 遅く タクシーに 乗らない 方が いいです。

1. たばこを 吸う → ここでは ＿＿＿＿＿＿＿＿＿＿＿＿＿＿＿。
2. 触る → 人の 物に ＿＿＿＿＿＿＿＿＿＿＿＿＿＿＿＿＿。
3. 車を 止める → ここに ＿＿＿＿＿＿＿＿＿＿＿＿＿＿＿＿。
4. ガムを かむ → 授業中に ＿＿＿＿＿＿＿＿＿＿＿＿＿＿＿。

✚ 낱말과 표현

隣(となり) 옆　映画(えいが) 영화　未満(みまん) 미만　芝生(しばふ)に 入(はい)る 잔디에 들어가다
電話(でんわ)を する 전화를 하다　休(やす)み 휴일　病院(びょういん) 병원
たばこを 吸(す)う 담배를 피우다　物(もの) 물건, 것　触(さわ)る 손대다, 만지다
車(くるま)を 止(と)める 차를 세우다　授業中(じゅぎょうちゅう) 수업중　ガムを かむ 껌을 씹다
趣味(しゅみ) 취미　忙(いそが)しい 바쁘다　心配(しんぱい)だ 걱정이다

5 다음 예와 같이 표를 완성하세요.

예	学生(がくせい)	学生なんです 学生じゃないんです	学生だったんです 学生じゃなかったんです
명사	会社員(かいしゃいん)		
	趣味(しゅみ)		
예	おいしい	おいしいんです おいしくないんです	おいしかったんです おいしくなかったんです
い형용사	高(たか)い		
	忙(いそが)しい		
예	心配(しんぱい)だ	心配なんです 心配じゃないんです	心配だったんです 心配じゃなかったんです
な형용사	きれいだ		
	便利(べんり)だ		
예	行(い)く	行くんです 行かないんです	行ったんです 行かなかったんです
동사	食(た)べる		
	する		

독해 · 작문

Track 28

READING & WRITING

읽어봅시다!

家から学校まで約１時間ぐらいかかるので、私は朝早く起きなければいけません。時々、朝ご飯を食べないで、行くこともあります。
今朝も朝ご飯を食べなかったので、お腹がすいています。
明日の授業は午後２時に始まりますから、急がなくてもいいです。
来週の月曜日にはテストがあるので、一生懸命勉強しなければなりません。

+ 낱말과 표현

家(うち) (우리) 집　約１時間(やくいちじかん) 약 1시간　時々(ときどき) 때때로, 종종
今朝(けさ) 오늘 아침　お腹(なか)が すく 배가 고프다　授業(じゅぎょう) 수업　午後(ごご) 오후
始(はじ)まる 시작되다　急(いそ)ぐ 서두르다　来週(らいしゅう) 다음 주　テスト 시험, 테스트
～ので ～이기 때문에　一生懸命(いっしょうけんめい) 열심히　勉強(べんきょう) 공부

일본어로 써봅시다!

1. 여기에서 사진을 찍지 마세요.

2. 내일은 휴일이라서 학교에 가지 않아도 됩니다.

3. 일본어로 이야기하지 않으면 안 됩니다.

4. 담배를 피우지 않는 편이 좋습니다.

정답
1. ここで写真(しゃしん)を撮(と)らないでください。
2. 明日(あした)は休(やす)みなので学校(がっこう)へ行(い)かなくてもいいです。
3. 日本語(にほんご)で話(はな)さなければなりません。
4. たばこを吸(す)わない方(ほう)がいいです。

한자 연습

KANJI

한자 즐기기

こう
交 교

しん
信 신

はっ
発 발

つう
通 통

そう
送 송

こうしん
交信 교신

はっしん
発信 발신

つうしん
通信 통신

そうしん
送信 송신

써봅시다!

しんぱい 心配 걱정	心配			
びじゅつかん 美術館 미술관	美術館			
しゅうまつ 週末 주말	週末			
びょういん 病院 병원	病院			
じゅぎょう 授業 수업	授業			
よる 夜 밤	夜			

듣기 연습

Track 29~30

LISTENING

A. 스즈키 씨의 회사 유니폼은 다음 중 어느 것인지 고르세요.

❶

❷

❸

❹

정답 (　　　　　　)

B. 내용을 듣고 그림과 일치하면 ○, 일치하지 않으면 ×를 넣으세요.

❶ (　　　　　　)

❷ (　　　　　　)

❸ (　　　　　　)

❹ (　　　　　　)

회화 플러스

Track 31

OMAKE

01 辛(から)い 料理(りょうり)が 食(た)べられますか。
매운 요리를 먹을 수 있습니까?

예 A : 辛い 料理が 食べられますか。 매운 요리를 먹을 수 있습니까?

B : はい、食べられます。大好(だいす)きです。
네, 먹을 수 있습니다. 아주 좋아합니다.

C : いいえ、私は 辛い 料理が 食べられません。
아뇨, 저는 매운 요리를 못 먹습니다.

02 愛(あい)してない 人(ひと)と 結婚(けっこん)できると 思(おも)いますか。
사랑하지 않는 사람과 결혼할 수 있다고 생각합니까?

예 A : 愛してない 人と 結婚できると 思(おも)いますか。
사랑하지 않는 사람과 결혼할 수 있다고 생각합니까?

B : はい、できると 思います。 네, 할 수 있다고 생각합니다.

C : いいえ、できないと 思います。 아뇨, 할 수 없다고 생각합니다.

08

土曜日に結婚するそうです。

토요일에 결혼한다고 합니다.

이번 과의 포인트

□ ニュースに よると 明日(あした)は 雨(あめ)が 降(ふ)るそうです。

뉴스에 따르면 내일은 비가 내린다고 합니다.

→ じゃ、傘(かさ)を 準備(じゅんび)しなければ なりませんね。

그럼, 우산을 준비해야겠군요.

□ 週末(しゅうまつ)、何(なに)を しますか。

주말에 무엇을 할 겁니까?

→ 友達(ともだち)と 映画(えいが)を 見(み)ようと 思(おも)います。

친구와 영화를 보려고 합니다.

기본 회화

Track 32

DIALOGUE

〈招待状(しょうたいじょう)を 見ながら〉

木村　これ、何(なん)ですか。

恭子　招待状(しょうたいじょう)です。土曜日(どようび)に 恵美(めぐみ)さんが 結婚(けっこん)するそうです。

木村　へぇ、こちらが フィアンセですか。優(やさ)しそうですね。

ところで、恭子(きょうこ)さんは 恵美(めぐみ)さんの 結婚式(けっこんしき)に 行(い)きますか。

恭子　はい、バイトが 終(お)わってから 行こうと 思(おも)っていますが。

木村　新婚旅行(しんこんりょこう)は どこに 行くんですか。

恭子　ヨーロッパに 行くそうですよ。

木村　うらやましいですね。私も 早(はや)く 結婚したいですね。

✚ 낱말과 표현

招待状(しょうたいじょう) 초대장　フィアンセ 애인, 결혼할 사람　ところで 그런데
結婚式(けっこんしき) 결혼식　バイト (=アルバイト) 아르바이트　終(お)わる 끝나다, 마치다
先約(せんやく) 선약　行(い)けないんです(=いけません) 갈 수 없습니다, 못 갑니다
新婚旅行(しんこんりょこう) 신혼여행　ヨーロッパ 유럽　うらやましい 부럽다
早(はや)く 빨리, 일찍　結婚(けっこん)したい 결혼하고 싶다

문법 포인트

01 そうだ 용법

	전문(伝聞)의 そうだ ~라고 한다	추측 · 양태의 そうだ ~인 것 같다
명사	명사+だ+そうだ 예 韓国人(かんこくじん)だそうです 한국인이라고 합니다	×
い형용사	~い+そうだ 예 おいしいそうです 맛있다고 합니다	~~~い~~ そうだ 예 おいしそうです 맛있을 것 같습니다
な형용사	~だ+そうだ 예 まじめだそうです 성실하다고 합니다	~~~だ~~ そうだ 예 まじめそうです 성실한 것 같습니다
동사	기본처+そうだ 예 雨(あめ)が 降(ふ)るそうです 비가 온다고 합니다	ます형+そうだ 예 雨が 降りそうです 비가 내릴 것 같습니다

※ いい와 ない에 붙는 そうだ (추측 · 양태)

いい → よさそうだ (○)　いさそうだ (×)

예 性格(せいかく)が よさそうですね。　성격이 좋은 것 같군요.

ない → なさそうだ (○)　なそうだ (×)

예 お金(かね)は あまり なさそうだ。　돈은 별로 없는 것 같다.

忙(いそが)しく なさそうです。　바쁘지 않아 보입니다.

명사	キムさんの 彼氏は 日本人だそうです。〈전문〉
い형용사	キムさんの お母さんは 優しいそうです。〈전문〉 キムさんの お母さんは 優しそうです。〈추측 양태〉
な형용사	田中さんは スポーツが 上手だそうです。〈전문〉 田中さんは スポーツが 上手そうです。〈추측 양태〉
동사	天気予報に よると 明日は 雨が 降るそうです。〈전문〉 今にも 雨が 降りそうです。〈추측 양태〉

[참고] 전문의 そうだ 의 경우

명사 · 형용사 · 동사의 현재형, 부정형, 과거형, 과거부정형 등도 같은 방법으로 활용한다.

예 おいしいそうです。(기본형)

おいしくないそうです。(부정형)

おいしかったそうです。(과거형)

おいしくなかったそうです。(과거부정형)

✚ 낱말과 표현

彼氏(かれし) 남자친구, 그이　お母(かあ)さん 어머니　優(やさ)しい 자상하다, 상냥하다
スポーツ 스포츠, 운동　上手(じょうず)だ 잘한다　天気予報(てんきよほう) 일기예보
～に よると ～에 의하면, ～에 따르면　今(いま)にも 지금이라도, 당장이라도

02 기본체 + そうです。「전문의 そうだ」

예 キムさんは 来年の 9月に 日本へ 留学するそうです。

パクさんは 今 家で 寝て いるそうです。

生徒たちは さっき 出発したそうです。

山田さんは 残業で 行けないそうです。

03 ～~~い~~ + そうです。「추측 · 양태의 そうだ」

예 この チーズケーキ、とても おいしそうですね。

キムさんの お兄さんは 頭が よさそうです。

ベンチに 座って いる 女の人は 寂しそうです。

あの 子供たちは 楽しそうに 遊んで います。

[비교] 전문의 そうだ : ～い＋そうだ

예 あの 店の ケーキは とても おいしいそうです。

저 가게의 케이크는 아주 맛있다고 합니다.

낱말과 표현

来年(らいねん) 내년　9月(くがつ) 9월　留学(りゅうがく) 유학　家(うち・いえ) 집
生徒(せいと) 학생(주로 중 · 고교)　さっき 아까　出発(しゅっぱつ) 출발　残業(ざんぎょう) 잔업, 야근
チーズケーキ 치즈케이크　子供(こども) 아이　楽(たの)しい 즐겁다　ベンチ 벤치, 의자
座(すわ)る 앉다　女(おんな)の 人(ひと) 여자　寂(さび)しい 외롭다　店(みせ) 가게

04 (1) 동사의 의지형

		예
1그룹 동사 (5단동사)	u단 → o단 + う	会(あ)う → 会おう 行(い)く → 行こう ★ 帰(かえ)る → 帰ろう
2그룹 동사 (상1단동사 하1단동사)	~~る~~ + よう	見(み)る → 見よう 起(お)きる → 起きよう 食(た)べる → 食べよう
3그룹 동사 (カ행변격동사 サ행변격동사)	来(く)る → こよう する → しよう	来(く)る → 来(こ)よう 結婚(けっこん)する → 結婚しよう

[1] ~(よ)う と 思(おも)います ~하려고 합니다(의지형)
[2] ~(よ)う ~하자(권유형)
[3] ~(よ)う ~해야지(의지형) → 본인의 의지

(2) つもり 확실하지 않은 예정(자신의 주관적인 의지 · 생각)

예 土曜日(どようび)に 友達(ともだち)と 映画(えいが)を 見(み)る つもりです。
토요일에 친구와 영화를 볼 생각입니다.
来週(らいしゅう)から ダイエットする つもりです。 다음주부터 다이어트를 할 생각입니다.

(3) 予定 확정적인 예정

예 汽車(きしゃ)は 3時(さんじ)に 出発(しゅっぱつ)する 予定(よてい)です。 기차는 3시에 출발할 예정입니다.
私(わたし)は 来週(らいしゅう)の 土曜日(どようび)に 結婚(けっこん)する 予定(よてい)です。
나는 다음주 토요일에 결혼할 예정입니다.

+ 낱말과 표현

映画(えいが) 영화　ダイエット 다이어트　出発(しゅっぱつ) 출발　結婚(けっこん) 결혼

※ 의지형 활용 연습(해답 108쪽)

의미	동사	~(よ)う형	의미	동사	~(よ)う형
사다	買(か)う		기다리다	待(ま)つ	
쓰다	書(か)く		이야기하다	話(はな)す	
읽다	読(よ)む		나가다	出(で)る	
보다	見(み)る		하다	する	
놀다	遊(あそ)ぶ		되다	なる	
걷다	歩(ある)く		죽다	死(し)ぬ	
쉬다	休(やす)む		찍다	撮(と)る	
먹다	食(た)べる		가르치다	教(おし)える	
헤엄치다	泳(およ)ぐ		오다	来(く)る	
가다	行(い)く		부르다	呼(よ)ぶ	
일하다	働(はたら)く		마시다	飲(の)む	
자다	寝(ね)る		듣다	聞(き)く	
일어나다	起(お)きる		만들다	作(つく)る	
만나다	会(あ)う		돌아오다(가다)	帰(かえ)る	
타다	乗(の)る		걸다	かける	
피우다, 빨다	吸(す)う		씻다	洗(あら)う	

05 ～(よ)うと 思います ～하려고 합니다

[의지형] ～하려고 합니다

예 木村(きむら)さんに 日本語(にほんご)で 手紙(てがみ)を 書(か)こうと 思(おも)います。

毎日(まいにち) 単語(たんご)を 五(いつ)つずつ 覚(おぼ)えようと 思います。

一生懸命(いっしょうけんめい) 勉強(べんきょう)しようと 思います。

今度(こんど)の 日曜日(にちようび)に ソウルへ 行(い)って 来(こ)ようと 思います。

[권유형] ～하자

예 木村さんに 日本語で 手紙を 書こう。

毎日 単語を 五つずつ 覚えよう。

一生懸命 勉強しよう。

今度の 日曜日に ソウルへ 行って 来よう。

낱말과 표현

手紙(てがみ) 편지　毎日(まいにち) 매일　単語(たんご) 단어　覚(おぼ)える 외우다
一生懸命(いっしょうけんめい) 열심히　勉強(べんきょう) 공부　今度(こんど) 이번, 이 다음

※ 의지형 활용 연습 해답

의미	동사	의지형	의미	동사	의지형
사다	買(か)う	買おう	기다리다	待(ま)つ	待とう
쓰다	書(か)く	書こう	이야기하다	話(はな)す	話そう
읽다	読(よ)む	読もう	나가다	出(で)る	出よう
보다	見(み)る	見よう	하다	する	しよう
놀다	遊(あそ)ぶ	遊ぼう	되다	なる	なろう
걷다	歩(ある)く	歩こう	죽다	死(し)ぬ	死のう
쉬다	休(やす)む	休もう	찍다	撮(と)る	撮ろう
먹다	食(た)べる	食べよう	가르치다	教(おし)える	教えよう
헤엄치다	泳(およ)ぐ	泳ごう	오다	来(く)る	来(こ)よう
가다	行(い)く	行こう	부르다	呼(よ)ぶ	呼ぼう
일하다	働(はたら)く	働こう	마시다	飲(の)む	飲もう
자다	寝(ね)る	寝よう	듣다	聞(き)く	聞こう
일어나다	起(お)きる	起きよう	만들다	作(つく)る	作ろう
만나다	会(あ)う	会おう	돌아오다(가다)	帰(かえ)る	帰ろう
타다	乗(の)る	乗ろう	걸다	かける	かけよう
피우다, 빨다	吸(す)う	吸おう	씻다	洗(あら)う	洗おう

패턴 연습

PATTERN

1 보기

雨(あめ)が 降(ふ)る

→ 天気予報(てんきよほう)に よると 明日(あした)は 雨が 降るそうです。

❶

おもしろい

→ キムさんの 話(はなし)に よると あの 映画(えいが)は とても ＿＿＿＿＿＿＿＿＿＿＿＿＿＿。

❷

物価(ぶっか)が 高(たか)く なる

→ ニュースに よると 来年(らいねん)から ＿＿＿＿＿＿＿＿＿＿＿＿＿＿。

❸

晴(は)れる

→ 天気予報に よると 午後(ごご)から ＿＿＿＿＿＿＿＿＿＿＿＿＿＿。

❹

結婚(けっこん)する

→ イさんは 大統領(だいとうりょう)の 娘(むすめ)さんと ＿＿＿＿＿＿＿＿＿＿＿＿＿＿。

❺

歌(うた)が 上手(じょうず)だ

→ 山田(やまだ)さんの 話(はなし)に よると 恭子(きょうこ)さんは とても ＿＿＿＿＿＿＿＿＿＿＿＿＿＿。

✚ 낱말과 표현

天気予報(てんきよほう) 일기예보　話(はなし) 이야기　映画(えいが) 영화　物価(ぶっか) 물가
ニュース 뉴스　大統領(だいとうりょう) 대통령　娘(むすめ) 딸　結婚(けっこん) 결혼
歌(うた) 노래　上手(じょうず)だ 잘하다

2 보기

雨(あめ)が 降(ふ)る

→ 今(いま)にも 雨が 降りそうです。

❶ 性格(せいかく)が いい

→ 青木(あおき)さんは 性格が ＿＿＿＿＿＿＿＿＿＿。

❷ 落(お)ちる

→ 危(あぶ)ないです。かびんが ＿＿＿＿＿＿＿＿＿＿。

❸ 泣(な)く

→ あの子(こ)は 今(いま)にも ＿＿＿＿＿＿＿＿＿＿。

❹ おいしい

→ この クッキーは ＿＿＿＿＿＿＿＿＿＿。

❺ 親切(しんせつ)だ

→ 恵子(けいこ)さんの 恋人(こいびと)は ＿＿＿＿＿＿＿＿＿＿。

+ 낱말과 표현

性格(せいかく) 성격　落(お)ちる 떨어지다　危(あぶ)ない 위험하다　かびん 꽃병
泣(な)く 울다　クッキー 쿠키　親切(しんせつ)だ 친절하다　恋人(こいびと) 애인

3

보기

英語を 教える

→ 学校で 英語を 教えようと 思います。

❶

電話を かける

→ 恵子さんに ______________________。

❷

中国語の 授業を 受ける

→ 会社で ______________________。

❸

山に 登る

→ 休みに 友達と ______________________。

❹

地下鉄に 乗る

→ 道路が 込むから ______________________。

✚ 낱말과 표현

学校(がっこう) 학교　英語(えいご) 영어　教(おし)える 가르치다　電話(でんわ) 전화
中国語(ちゅうごくご) 중국어　授業(じゅぎょう)を 受(う)ける 수업을 듣다　休(やす)み 휴일, 휴가
友達(ともだち) 친구　山(やま)に 登(のぼ)る 산에 오르다　地下鉄(ちかてつ)に 乗(の)る 지하철을 타다
道路(どうろ) 도로　込(こ)む 막히다, 붐비다

독해 · 작문

Track 33

READING & WRITING

읽어 봅시다!

私(わたし)は週末(しゅうまつ)、友達(ともだち)と済州島(ジェジュド)へ遊(あそ)びに行(い)こうと思(おも)います。

しかし、ニュースによると明日(あした)から日曜日(にちようび)までずっと雨(あめ)が降(ふ)るそうです。

それで、昨日(きのう)友達(ともだち)に電話(でんわ)をして聞(き)いてみました。友達は天気(てんき)が悪(わる)くても行(い)こうと言(い)いました。私(わたし)たちは予定(よてい)どおり行(い)くことにしましたが、今(いま)にも雨(あめ)が降(ふ)りそうなので、ちょっと心配(しんぱい)です。でも、久(ひさ)しぶりの旅行(りょこう)なので、楽(たの)しみにしています。

✚ 낱말과 표현

週末(しゅうまつ) 주말　済州島(ジェジュド) 제주도　遊(あそ)びに 行(い)く 놀러가다
～と 思(おも)います ～라고 생각합니다　しかし 그러나　～に よると ～에 의하면　ずっと 쭉, 훨씬
それで 그래서　電話(でんわ) 전화　私(わたし)たち 우리들　予定(よてい)どおり 예정대로
동사 기본형＋ことに する ～하기로 하다　今(いま)にも 지금이라도　ちょっと 좀, 약간
心配(しんぱい) 걱정, 염려　旅行(りょこう) 여행　楽(たの)しみに する 기대하다

일본어로 써봅시다!

1. 일기예보에 의하면 내일은 눈이 온다고 합니다.

2. 다나카 씨는 성실해 보입니다.(성실한 것 같습니다.)

3. 7시에 친구를 만나서 영화를 보려고 합니다.

정답
1. 天気予報(てんきよほう)に よると 明日(あした)は 雪(ゆき)が 降(ふ)るそうです。
2. 田中(たなか)さんは まじめそうです。
3. 7時(しちじ)に 友達(ともだち)に 会(あ)って 映画(えいが)を 見(み)ようと 思(おも)います。

한자 즐기기

卒(そつ) 졸 → 卒業(そつぎょう) 졸업

残(ざん) 잔 → 残業(ざんぎょう) 잔업, 야근

授(じゅ) 수 → 授業(じゅぎょう) 수업

産(さん) 산 → 産業(さんぎょう) 산업

業(ぎょう) 업

써봅시다!

天気予報(てんきよほう) 일기예보	天気予報			
結婚(けっこん) 결혼	結婚			
準備(じゅんび) 준비	準備			
残業(ざんぎょう) 잔업, 야근	残業			
物価(ぶっか) 물가	物価			
地下鉄(ちかてつ) 지하철	地下鉄			

듣기 연습

Track 34~35

LISTENING

A. 다음 내용을 듣고 진행되는 순서를 적으세요.

가 

나 

다 

라 

정답 (　　) — (　　) — (　　) — (　　)

B. 내용을 듣고 그림과 일치하면 O, 일치하지 않으면 ×를 넣으세요.

1 (　　　　)

2 (　　　　)

3 (　　　　)

4 (　　　　)

쉬어가기

일본의 공휴일

1월 1일~3일	ねんしきゅうか 年始休暇 (연시휴가)
1월 둘째주 월요일	せいじん　ひ 成人の日 (성인의 날)
2월 11일	けんこくきねんび 建国記念日 (건국기념일)
3월 20일 또는 21일	しゅんぶん 春分の日 (춘분의 날)
4월 29일	みどりの日 (녹색의 날)
5월 3일	けんぽうきねんび 憲法記念日 (헌법기념일)
5월 4일	こくみん　きゅうじつ 国民の休日 (국민의 휴일)
5월 5일	こども 子供の日 (어린이 날)
7월 셋째주 월요일	うみ 海の日 (바다의 날)
9월 셋째주 월요일	けいろう 敬老の日 (경로의 날)
9월 22일 또는 23일	しゅうぶん 秋分の日 (추분의 날)
10월 둘째주 월요일	たいいく 体育の日 (체육으 날)
11월 3일	ぶんか 文化の日 (문화의 날)
11월 23일	きんろうかんしゃ 勤労感謝の日 (근로감사의 날)
12월 23일	てんのうたんじょうび 天皇誕生日 (천황탄생일)
12월 31일	おおみそか 大晦日 (섣달 그믐날)

GRAMMAR POINT

6과~8과
문법 정리 포인트

01 문법 정리

종류	기본형	ます형	て형	가능형	부정형	의지형
1그룹동사 (5단동사)	会(あ)う	会います	会って	会える	会わない	会おう
	待(ま)つ	待ちます	待って	待てる	待たない	待とう
	乗(の)る	乗ります	乗って	乗れる	乗らない	乗ろう
	死(し)ぬ	死にます	死んで	死ねる	死なない	死のう
	飲(の)む	飲みます	飲んで	飲める	飲まない	飲もう
	遊(あそ)ぶ	遊びます	遊んで	遊べる	遊ばない	遊ぼう
	書(か)く	書きます	書いて	書ける	書かない	書こう
	泳(およ)ぐ	泳ぎます	泳いで	泳げる	泳がない	泳ごう
	話(はな)す	話します	話して	話せる	話さない	話そう
	作(つく)る	作ります	作って	作れる	作らない	作ろう
	読(よ)む	読みます	読んで	読める	読まない	読もう
	帰(かえ)る	帰ります	帰って	帰れる	帰らない	帰ろう
2그룹 동사 (상1단 하1단 동사)	見(み)る	見ます	見て	見られる	見ない	見よう
	食(た)べる	食べます	食べて	食べられる	食べない	食べよう
	起(お)きる	起きます	起きて	起きられる	起きない	起きよう
	寝(ね)る	寝ます	寝て	寝られる	寝ない	寝よう
	教(おし)える	教えます	教えて	教えられる	教えない	教えよう
	覚(おぼ)える	覚えます	覚えて	覚えられる	覚えない	覚えよう
	出(で)る	出ます	出て	出られる	出ない	出よう
3그룹(カ행 변격동사)	する	します	して	できる	しない	しよう
3그룹(サ행 변격동사)	来(く)る	来(き)ます	来(き)て	来(こ)られる	来(こ)ない	来(こ)よう

GRAMMAR POINT

6과～8과
문법 정리 포인트

02 가능형(~할 수 있다)

1 ～が 가능형

예 お酒(さけ)が 飲(の)めます。 술을 마실 수 있습니다.

2 동사 기본형 + ことが できる

예 お酒を 飲む ことが できます。

03 부정형(ない형)

1 ～ないで ください ~하지 마세요, ~ 하지 말아 주세요

예 行(い)かないで ください。 가지 마세요.

2 ～ない 方(ほう)が いいです。~하지 않는 편이 낫습니다

예 行かない 方が いいです。 가지 않는 편이 낫습니다.

3 ～なければ なりません(いけません)。
~하지 않으면 안 됩니다, ~해야만 합니다.

예 行かなければ なりません(いけません)。 가지 않으면 안 됩니다.

4 ～なくても いいです ~하지 않아도 됩니다

예 行かなくても いいです。 가지 않아도 됩니다.

5 ～ないで ~하지 않고(나열, 열거)

예 行かないで(=行かずに) 가지 않고

6 ～なくて ~하지 않아서(원인, 이유)

예 行かなくて 가지 않아서

GRAMMAR POINT

6과~8과
문법 정리 포인트

04 의지형

1 ～(よ)うと 思(おも)います ～하려고 합니다(의지형)

예 日本(にほん)へ 行(い)こうと 思います。 일본에 가려고 합니다.

2 ～(よ)う ～하자 (권유형)

예 日本へ 行こう。일본에 가자.

05 そうだ

	そうだ(전문)	そうだ(추측 · 양태)
명 사(N)	N + だ + そうだ	×
い형용사	～い + そうだ	～~~い~~ + そうだ
な형용사	～だ + そうだ	～~~だ~~ + そうだ
동 사(V)	기본체 + そうだ	ます형 + そうだ

KATAKANA NOTE

필수 가타카나 연습

メニュー めにゅー 메뉴	メニュー			
ダイエット だいえっと 다이어트	ダイエット			
ニュース にゅーす 뉴스	ニュース			
バイト ばいと 아르바이트	バイト			
ピアノ ぴあの 피아노	ピアノ			
タクシー たくしー 택시	タクシー			
クッキー くっきー 쿠키	クッキー			

1과 ~8과 회화 표현 총정리

1 今(いま) 何(なに)を して いますか。 지금 무엇을 하고 있습니까?

2 結婚(けっこん)して いますか。 결혼했습니까?

3 どこに 住(す)んで いますか。 어디에 살고 있습니까?

4 どんな かっこうを して いますか。 어떤 옷차림을 하고 있습니까?

5 家(いえ)から 学校(がっこう)まで どのぐらい かかりますか。 집에서 학교까지 얼마나 걸립니까?

6 日本へ 行(い)った ことが ありますか。 일본에 간 적이 있습니까?

7 ～という 映画(えいが)を 見(み)た ことが ありますか。 ~라고 하는 영화를 본 적이 있습니까?

8 どうしたら いいですか。 어떻게 하면 되겠습니까?

9 暇(ひま)な 時(とき)は 何(なに)を しますか。 한가할 때는 무엇을 합니까?

10 お酒(さけ)が 飲(の)めますか。 술을 마실 수 있습니까?

11 ひらがなが 読(よ)めますか。 히라가나를 읽을 수 있습니까?

12 どうしてですか。 왜요?, 어째서요?

13 辛(から)い 料理(りょうり)が 食(た)べられますか。 매운 요리를 먹을 수 있습니까?

14 愛(あい)してない 人(ひと)と 結婚(けっこん)できると 思(おも)いますか。

사랑하지 않는 사람과 결혼할 수 있다고 생각합니까?

15 週末(しゅうまつ)の 天気(てんき)は どうでしょうか。 주말의 날씨는 어떨까요?

부록

듣기 연습 스크립트와 정답

틀리기 쉬운 표현

1과~8과 어휘 총정리

1 과

19 쪽

A

今日は 土曜日です。彼女に 会って 一緒に バスに 乗って 鐘路へ 行きました。鐘路は とても にぎやかでした。私たちは デパートで 買い物してから 食事を しました。それから 一緒に 映画を 見て 家へ 11時ごろ 帰りました。

정답

(3)

B

① A：今 何を して いますか。
B：映画を 見て います。

② A：今 何を して いますか。
B：プールで 泳いで います。

③ A：今 何を して いますか。
B：本を 読んで います。

④ A：今 何を して いますか。
B：運動を して います。

정답

(1) ×　(2) ○　(3) ×　(4) ×

2 과

28 쪽

A

キム：鈴木さん、ワンピースを 着ている 人は 妹さんですか。

鈴木：いいえ、姉です。

キム：え～ お姉さんですか。若く 見えますね。スカートを はいて 眼鏡を かけている 人は？

鈴木：妹です。

キム：あ～ この人が 妹さんですね。

정답

(3)

B

① 田中さんは 東京に 住んで います。

② 田中さんは 結婚する 予定です。

③ 田中さんは 車を 持って いません。

④ 田中さんの 趣味は 水泳です。

정답

(1) ○　(2) ×　(3) ×　(4) ○

3 과

40 쪽

A

医者：どうしましたか。

木村：のどが 痛いんです。頭も 痛いし。

医者：せきは 出ますか。

木村：はい、すこし 出ます。鼻水も 出ます。

医者：風邪ですね。

木村：あのう、お酒を 飲んでも いいですか。

医者：いいえ、お茶や コーヒーは 飲んでも いいですが、お酒は 飲んでは いけません。もちろん、タバコも 吸っては いけません。

木村：お風呂に 入っても いいですか。

医者：お風呂に 入っては いけませんが 簡単なシャワーなら いいです。

정답

❷

B

① A：ここで、食べても いいですか。
   B：はい、食べても いいです。

② A：歌を 歌っても いいですか。
   B：はい、歌を 歌っても いいです。

③ A：ここで 泳いでも いいですか。
   B：はい、泳いでも いいです。

④ A：ここで 写真を 撮っても いいですか。
   B：いいえ、撮っては いけません。

정답

❹

4 과

57 쪽

A

この 本を 読んだ ことが ありますか。
とても おもしろいですよ。

① はい、その 映画を 見た ことが あります。
② そうですか。私も 読みたいです。
③ あ～ 音楽を 聞いて いましたね。
④ 今 何を して いますか。

정답

❷

B

キム：イさんは 日本の温泉へ 行った ことが ありますか。

イ　：はい、あります。日本は 温泉が 有名ですね。

キム：そうですね。私も 行った ことが あります。
ところで、イさん、日本で 相撲を 見た ことが ありますか。
とても おもしろかったですが。

イ　：私も 見たかったんですが、友達が カラオケへ 行きたがっていたので、カラオケへ 行きました。
キムさんは 日本で カラオケへ 行った ことが ありますか。

キム：私は 日本でも 韓国でも カラオケへ 一度も 行った ことが ありません。

イ　：え～ 本当ですか。

キム：はい、歌が とても 下手なので、カラオケより ドラマとか 映画を 見る 方がいいです。

イ　：へえ、そうなんですか。

정답

	温泉	相撲	カラオケ
キム	○	○	×
イ	○	×	○

5 과

69 쪽

A

昨日は 木村さんの 誕生日でした。
私は パーティーへ 行く 前に デパートへ 行って プレゼントを 買いました。
バーゲンだったので 安い ものが たくさん ありました。
それから、学校の クラスメートと　誕生日パーティーに 行きました。
お酒を 飲んだり 歌を 歌ったり 踊ったり しました。とても 楽しい パーティーでした。土曜日に 日本語の テストが あって ちょっと 心配だったので、パーティーが 終わってから 家へ 帰って 勉強を しました。

정답

❷

B

① 友達に 会って お茶を 飲んだり 料理を 作ったり します。
② 掃除を したり 運動を したり します。
③ 運動したり ベンチに 座って 休んだり します。
④ 寝たり 本を 読んだり します。

정답

❶ ○　❷ ×　❸ ○　❹ ×

6 과

84 쪽

A

男：あの、週末の 旅行の ことなんですが、土曜日は どうですか。

女：えーと、8日の 土曜日は コンサートを 見に 行く 約束が あるから 行けません。

男：そうですか。私は 8 日は 行けますが、15日の 土曜日には テストが あるんです。

女：しょうがないですね。じゃ…

정답

❸

B

❶ 花子さんは 英語が 上手です。
アメリカ人と 英語で 上手に 話せます。

❷ 花子さんは ギターが 弾けません。でも、ピアノは 弾けます。

❸ 花子さんは スポーツが 上手ですが、水泳だけは ぜんぜん できません。

❹ 花子さんは お酒が 好きですが、あまり 飲めません。

정답

❶ ○　❷ ×　❸ ×　❹ ×

7 과

98 쪽

A

恵美：これ、鈴木さんの 会社の 制服なんですか。スーツを 着なければ なりませんか。

鈴木：スーツは 着なくても いいですが、ネクタイを しなければ なりません。
私は Y シャツよりは セーターの 方が いいですけどね。

恵美：そうですね。
じゃ、女の 人の かっこうは?

鈴木：スカートを はかなければ なりません。それに 白い ブラウスも 着なければ なりません。

恵美：へぇ、そうなんですか。

정답

❸

B

❶ 芝生に 入らないで ください。

❷ お酒を 飲んで 車を 運転しないで ください。

❸ 明日は テストだから 勉強しなければ なりません。

❹ コーヒーは 飲んでも いいですが、たばこは 吸わない 方が いいです。

정답

❶ ○　❷ ×　❸ ○　❹ ○

8 과

114 쪽

A

木村：アヤさん、顔色が よく ないですね。どうしたんですか。

アヤ：今日 病院へ 行って 来たんですが、風邪だそうです。

木村：そうですか。薬は 飲みましたか。

アヤ：いいえ、ご飯を 食べてから 飲もうと 思います。

木村：薬を飲んで ゆっくり 休んで ください。

アヤ：はい、ありがとうございます。
木村さんも 気を つけて ください。

정답

㉯－㉰－㉱－㉮

B

❶ 天気予報に よると 明日は 雨が 降るそうです。

❷ 鈴木さんは お金が あまり なさそうです。

❸ 時間が あまり ないから タクシーに 乗ろうと 思います。

❹ キムさんは 頭が よさそうです。

정답

❶ ×　❷ ×　❸ ○　❹ ○

틀리기 쉬운 표현

1과

1 今 何を して いますか。(○)
今 何を しって いますか。(×)

2 すしを 食べて います。(○)
すしを 食べって います。(×)

3 手紙を 書いて います 。(○)
手紙を 書って います。(×)

4 映画を 見て います。(○)
映画を 見って います。(×)

5 家へ 帰って テレビを 見ました。(○)
家へ 帰て テレビを 見ました。(×)

2과

1 友達と いっしょに (○)
友達と いっしょうに (×)

2 コーヒーを 飲んで います。(○)
コーヒーを 飲んて います。(×)

3 キムさんは 結婚して いますか。(○)
キムさんは 結婚しましたか。(×)

4 お風呂に 入る (○)
お風呂を 入る (×)

5 スカートを はいて います。(○)
スカートを 着て います。(×)

3과

1 弟は 日本へ 行きたがって います。(○)
弟は 日本へ 行きたいです。(×)

2 何が ほしいですか。(○)
何を ほしいですか。(×)

3 一日中 ー いちにちじゅう (○)
一日中 ー いちにちちゅう (×)

4 日本の ドラマが 好きなので 勉強して います。(○)
日本の ドラマが 好きので 勉強して います。(×)

5 写真を 撮っても いいですか。(○)
写真を 撮っても なりますか。(×)

4과

1 私が 日本へ 行った 時 撮った 写真です。(○)
私が 日本へ 行く 時 撮った 写真です。(×)

2 韓国へ 来た ばかりです。(○)
韓国へ 来て ばかりです。(×)

5 과

1 暇な 時は 何を しますか。(○)

暇の 時は 何を しますか。(×)

2 高かったり 安かったり します。(○)

高いかったり 安いかったり します。(×)

3 便利だったり 不便だったり します。(○)

便利かったり 不便かったり します。(×)

4 元気かも しれません。(○)

元気だかも しれません。(×)

5 行ったり 来たり します。(○)

来たり 行ったり します。(×)

6 과

1 お酒は 飲めますか。(○)

お酒が 飲めますか。(○)

お酒を 飲めますか。(×)

2 日本語は できますか。(○)

日本語が できますか。(○)

日本語を できますか。(×)

3 山田さんに 会えますか。(○)

山田さんが 会えますか。(×)

4 友達の 卒業式なので 行けません。(○)

友達の 卒業式ので 行けません。(×)

7-8 과

1 たばこを 吸わないで ください。(○)

たばこを 吸あないで ください。(×)

2 彼氏は いない。(○)

彼氏は ない。(×)

3 明日は 5時までに 来なければ なりません。(○)

明日は 5時まで 来なければ なりません。(×)

4 朝ごはんを 食べないで 会社へ 行きました。(○)

朝ごはんを 食べなくて 会社へ 行きました。(×)

---

1 ニュースに よると 明日は 雨が 降るそうです。(○)

ニュースに よると 明日は 雨が 降りそうです。(×)

2 一生懸命 勉強しよう。(○)

一生懸命 勉強しょう。(×)

1과 ~8과 어휘 총정리

1과

- □ 来年(らいねん) 내년
- □ 留学(りゅうがく) 유학
- □ 便利(べんり)だ 편리하다
- □ 親切(しんせつ)だ 친절하다
- □ 映画館(えいがかん) 영화관
- □ 電話番号(でんわばんごう) 전화번호
- □ 撮(と)る (사진을) 찍다
- □ 電気(でんき)を つける 불을 켜다
- □ 歩(ある)く 걷다
- □ ギター 기타
- □ 歌(うた) 노래
- □ お茶(ちゃ) 차
- □ プール 풀장
- □ 夕(ゆう)ご飯(はん) 저녁밥
- □ 顔(かお) 얼굴
- □ 洗(あら)う 씻다
- □ 一時間(いちじかん) 한 시간
- □ 終(お)わる 끝나다
- □ 演劇(えんげき) 연극
- □ 後(あと) 후, 나중
- □ 疲(つか)れる 피곤하다
- □ すぐ 곧
- □ 一番(いちばん) 제일
- □ 順番(じゅんばん) 순번
- □ 番号(ばんごう) 번호
- □ 番組(ばんぐみ) TV 프로그램

2과

- □ 結婚(けっこん) 결혼
- □ 傘(かさ) 우산
- □ ～に 住(す)む ～에 살다
- □ 独(ひと)り暮(ぐ)らし 혼자 삶, 독신생활
- □ 夫(おっと) 남편
- □ 雨(あめ)が 降(ふ)る 비가 내리다
- □ 吹(ふ)く (바람) 불다
- □ 帽子(ぼうし)を かぶる 모자를 쓰다
- □ 眼鏡(めがね)を かける 안경을 쓰다
- □ ネクタイを しめる 넥타이를 매다
- □ スーツを 着(き)る 양복을 입다
- □ 靴(くつ)を はく 구두를 신다
- □ ブラウスを 着(き)る 브라우스를 입다
- □ スカートを はく 치마를 입다
- □ ピアスを する 귀고리를 하다
- □ 今晩(こんばん) 오늘밤
- □ 待(ま)ち合(あ)わせる 만나기로 하다
- □ かっこう 옷차림, 모습
- □ スーツを 着(き)る 양복을 입다
- □ ワンピース 원피스
- □ 赤(あか)い 빨갛다
- □ セーター 스웨터
- □ ベルト 벨트
- □ ズボン 바지
- □ 一人(ひとり)で 혼자서
- □ 空港(くうこう) 공항
- □ 働(はたら)く 일하다
- □ 近(ちか)く 근처
- □ ～ことに する ～하기로 하다
- □ 出会(であ)う 만나다
- □ 青(あお)い 파랗다
- □ 自分(じぶん) 자신
- □ 自慢(じまん) 자랑
- □ 自営業(じえいぎょう) 자영업
- □ 自己紹介(じこしょうかい) 자기 소개
- □ 住所(じゅうしょ) 주소

3과

- ☐ たばこを 吸(す)う 담배를 피우다
- ☐ なかなか 좀처럼
- ☐ 見(み)える 보이다
- ☐ ～でしょう ～겠죠, ～이죠
- ☐ やせる 야위다, 살 빠지다
- ☐ うらやましい 부럽다
- ☐ スポーツクラブ 스포츠 클럽
- ☐ ～に 通(かよ)う ～에 다니다
- ☐ 頑張(がんば)る 열심히 하다, 노력하다
- ☐ 一日中(いちにちじゅう) 하루 종일
- ☐ ビール 맥주
- ☐ 全部(ぜんぶ) 전부
- ☐ 忙(いそが)しい 바쁘다
- ☐ 忘(わす)れる 잊다
- ☐ 椅子(いす) 의자
- ☐ ～に 座(すわ)る ～에 앉다
- ☐ 中学生(ちゅうがくせい) 중학생
- ☐ 開(あ)ける 열다
- ☐ 車(くるま)を 止(と)める 차를 세우다
- ☐ お風呂(ふろ)に 入(はい)る 목욕하다
- ☐ 子供(こども) 아이
- ☐ 泣(な)く 울다
- ☐ 探(さが)す 찾다
- ☐ 不動産屋(ふどうさんや) 부동산
- ☐ 何軒(なんげん) (건물, 집) 몇 채
- ☐ 回(まわ)る 돌아다니다, 돌다
- ☐ でも 하지만, 그래도
- ☐ すこし 조금
- ☐ 気(き)に 入(い)る 마음에 들다
- ☐ 以上(いじょう) 이상
- ☐ 以下(いか) 이하
- ☐ 以外(いがい) 이외
- ☐ 以内(いない) 이내

4과

- ☐ 美術館(びじゅつかん) 미술관
- ☐ 立派(りっぱ)だ 훌륭하다
- ☐ ところで 그런데
- ☐ 始(はじ)める 시작하다
- ☐ 表現(ひょうげん) 표현
- ☐ アメリカ 미국
- ☐ 一度(いちど)も 한번도
- ☐ タクシー 택시
- ☐ 付(つ)き合(あ)う 사귀다
- ☐ 小説(しょうせつ) 소설
- ☐ 芸能人(げいのうじん) 연예인
- ☐ ゆっくり 休(やす)む 푹 쉬다
- ☐ 病院(びょういん) 병원
- ☐ 静(しず)かだ 조용하다
- ☐ 所(ところ) 곳
- ☐ ～に 着(つ)く ～에 도착하다
- ☐ ドラマ 드라마
- ☐ 会議(かいぎ) 회의
- ☐ 書類(しょるい) 서류
- ☐ プロジェクト 프로젝트
- ☐ ～に ついて ～에 대해서
- ☐ ～ぐらい ～정도
- ☐ 同僚(どうりょう) 동료
- ☐ 昼(ひる)ごはん 점심밥
- ☐ 実現(じつげん) 실현
- ☐ 現代(げんだい) 현대
- ☐ 現実(げんじつ) 현실
- ☐ 温泉(おんせん) 온천
- ☐ 相撲(すもう) 스모

5과

- ☐ 暇(ひま)だ 한가하다
- ☐ 時(とき) 때
- ☐ ～と いう ～라고 하는

- □ やる 하다
- □ ぜひ 꼭
- □ 朝食(ちょうしょく) 조식, 아침밥
- □ 値段(ねだん) 가격
- □ 話(はなし) 이야기
- □ 一度(いちど) 한 번
- □ 泣(な)く 울다
- □ 笑(わら)う 웃다
- □ 晴(は)れる 맑다, 개이다
- □ 曇(くも)る 흐리다
- □ つまらない 재미없다
- □ 香水(こうすい) 향수
- □ 有名(ゆうめい)だ 유명하다
- □ 感動的(かんどうてき) 감동적
- □ 楽(たの)しい 즐겁다
- □ 行動(こうどう) 행동
- □ 地下鉄(ちかてつ) 지하철
- □ 電車(でんしゃ) 전철
- □ コンピューター 컴퓨터
- □ 犯人(はんにん) 범인
- □ 雪(ゆき) 눈

6과

- □ お酒(さけ) 술
- □ 飲(の)む 마시다
- □ 甘(あま)い 달다, 독하지 않다
- □ 今度(こんど) 이번, 다음번
- □ 卒業式(そつぎょうしき) 졸업식
- □ 大丈夫(だいじょうぶ)だ 괜찮다
- □ 雰囲気(ふんいき) 분위기
- □ カタカナ 가타카나
- □ 好(す)きだ 좋아하다
- □ 辛(から)い 맵다
- □ 料理(りょうり) 요리
- □ 学校(がっこう) 학교
- □ 出張(しゅっちょう) 출장
- □ 英語(えいご) 영어
- □ コンビニ 편의점
- □ スポーツ 스포츠
- □ 出口(でぐち) 출구
- □ メニュー 메뉴
- □ ジュース 쥬스
- □ 場所(ばしょ) 장소
- □ 公園(こうえん) 공원
- □ ピアノを 弾(ひ)く 피아노를 치다
- □ 漢字(かんじ) 한자
- □ 朝(あさ) 아침
- □ 早(はや)く 일찍
- □ プール 풀장
- □ 泳(およ)ぐ 수영하다
- □ 電話(でんわ) 전화
- □ 使(つか)う 사용하다, 쓰다
- □ 歌(うた)を 歌(うた)う 노래를 부르다
- □ スキーを する 스키를 타다
- □ 運転(うんてん) 운전
- □ 中国語(ちゅうごくご) 중국어
- □ 粉薬(こなぐすり) 가루약
- □ 薬(くすり)を 飲(の)む 약을 먹다
- □ 映画(えいが) 영화
- □ パンフレット 팜플렛
- □ 愛(あい) 사랑
- □ ～に ついて ～에 관해서
- □ 予定(よてい) 예정
- □ そして 그리고
- □ 以上(いじょう) 이상
- □ 未満(みまん) 미만
- □ 資料(しりょう) 자료
- □ 料金(りょうきん) 요금
- □ 無料(むりょう) 무료

7과

- □ 就職(しゅうしょく) 취직

- □ でも 하지만, 그렇지만
- □ 心配(しんぱい)だ 걱정이다
- □ どうして 왜, 어째서
- □ 毎朝(まいあさ) 매일 아침
- □ ゆっくりする 푹 쉬다
- □ 出勤(しゅっきん) 출근
- □ 遅(おく)れる (시간에) 늦다
- □ 一生懸命(いっしょうけんめい) 열심히
- □ 制服(せいふく) 제복, 유니폼
- □ ずぐ 곧, 바로
- □ 飲(の)み会(かい) 술자리, 술 모임
- □ たばこを 吸(す)う 담배를 피우다
- □ 写真(しゃしん) 사진
- □ 目(め) 눈
- □ 試験(しけん)を 受(う)ける 시험을 보다
- □ 電車(でんしゃ)に 乗(の)る 전철을 타다
- □ 授業(じゅぎょう)を 受(う)ける 수업을 듣다
- □ 掃除(そうじ) 청소
- □ お金(かね)を 払(はら)う 돈을 지불하다
- □ 買(か)い物(もの) 쇼핑
- □ 病院(びょういん) 병원
- □ 車(くるま)を 止(と)める 차를 세우다
- □ 授業中(じゅぎょうちゅう) 수업중
- □ ガムを 噛(か)む 껌을 씹다
- □ 交信(こうしん) 교신
- □ 通信(つうしん) 통신
- □ 発信(はっしん) 발신
- □ 送信(そうしん) 송신
- □ 結婚(けっこん) 결혼

8과

- □ 週末(しゅうまつ) 주말
- □ 招待状(しょうたいじょう) 초대장
- □ フィアンセ 애인, 결혼할 사람
- □ ところで 그런데
- □ 結婚式(けっこんしき) 결혼식
- □ バイト(=アルバイト) 아르바이트
- □ 終(お)わる 끝나다
- □ 新婚旅行(しんこんりょこう) 신혼여행
- □ ヨーロッパ 유럽
- □ うらやましい 부럽다
- □ 性格(せいかく) 성격
- □ 忙(いそが)しい 바쁘다
- □ 彼氏(かれし) 남자친구, 그이
- □ お母(かあ)さん 어머니
- □ 優(やさ)しい 자상하다, 상냥하다
- □ 上手(じょうず)だ 잘하다, 능숙하다
- □ 天気予報(てんきよほう) 일기예보
- □ ～に よると ～에 의하면, ～에 따르면
- □ 今(いま)にも 지금이라도
- □ 来年(らいねん) 내년
- □ 留学(りゅうがく) 유학
- □ 家(うち・いえ) 집
- □ 生徒(せいと) 학생(주로 중 · 고교)
- □ さっき 아까
- □ 出発(しゅっぱつ) 출발
- □ 残業(ざんぎょう) 잔업, 야근
- □ チーズケーキ 치즈케이크
- □ 子供(こども) 아이
- □ 楽(たの)しい 즐겁다
- □ ベンチ 벤치
- □ 座(すわ)る 앉다
- □ 女(おんな)の人(ひと) 여자
- □ 寂(さび)しい 외롭다
- □ 店(みせ) 가게
- □ 汽車(きしゃ) 기차
- □ 単語(たんご) 단어
- □ 覚(おぼ)える 외우다, 기억하다
- □ 勉強(べんきょう) 공부
- □ 物価(ぶっか) 물가
- □ 晴(は)れる 개다, 맑다
- □ 大統領(だいとうりょう) 대통령
- □ 娘(むすめ) 딸

- □ 危(あぶ)ない 위험하다
- □ かびん 화병
- □ 落(お)ちる 떨어지다
- □ 泣(な)く 울다
- □ クッキー 쿠키
- □ 恋人(こいびと) 애인
- □ 親切(しんせつ)だ 친절하다
- □ 山(やま)に 登(のぼ)る 산에 오르다
- □ 地下鉄(ちかてつ)に 乗(の)る 지하철을 타다
- □ 道路(どうろ) 도로
- □ 込(こ)む 막히다, 붐비다
- □ ずっと 쭉, 훨씬
- □ 予定(よてい)どおり 예정대로
- □ 旅行(りょこう) 여행
- □ 楽(たの)しみに する 기대하다
- □ 卒業(そつぎょう) 졸업
- □ 産業(さんぎょう) 산업

KATAKANA NOTE

필수 가타카나 연습

ギター ぎたー 기타	ギター			
プロジェクト ぷろじぇくと 프로젝트	プロジェクト			
タクシー たくしー 택시	タクシー			
ドラマ どらま 드라마	ドラマ			
カラオケ からおけ 노래방	カラオケ			
コンピューター こんぴゅーたー 컴퓨터	コンピューター			
バス ばす 버스	バス			

MEMO

MEMO

일본어뱅크

스마트 일본어

동양books
www.dongyangbooks.com